Das Original

Kellogg's®

Knusperlust

Koch- und Backbuch

Will Keith Kellogg (1860–1951), der Erfinder der KELLOGG'S CORN FLAKES und zahlreicher weiterer knuspriger Köstlichkeiten

Knusprig, leicht und lecker – so kennt man die köstlichen KELLOGG'S Produkte vom Frühstückstisch schon lange, meist zusammen mit Milch oder Yogurt genossen. Wie wandlungsfähig die kleinen Knusperflakes sind und was sie noch alles können zeigen wir Ihnen in diesem Buch.
Hier präsentieren sie sich in vielen neuen, oft auch herzhaften Rezepten: mal als Vorspeise, mal als Snack, in der Suppe ebenso wie im Hauptgericht. Dass dabei Desserts und Back-Leckereien nicht zu kurz kommen, ist ja selbstverständlich.
Der perfekte Knusperspaß für die ganze Familie! Und weil sich früh übt, wer ein wahrer Knusper-Meister werden will, haben wir die Rezepte, die Kids auch selbst zubereiten können, im Inhaltsverzeichnis mit einem »K« gekennzeichnet.
Genießen Sie die pure KELLOGG'S Knusperlust und lassen Sie sich überraschen von faszinierenden Geschichten rund um den Erfinder Will Keith Kellogg, die KELLOGG'S Comic-Helden, die unterschiedlichen Getreidesorten und vieles mehr!

Inhalt

Frühstücks-knuspereien

Vorspeisen & Snacks

Hauptgerichte

Desserts

Back-knuspereien

KELLOGG'S Corner

K = Rezepte, die Kids auch selbst zubereiten können

Gäste und Personal des Sanatoriums in Battle Creek, Michigan

Die Gebrüder Kellogg, das »San« und die Flakes

Das Battle Creek Sanatorium, kurz genannt das »San«, galt 1891 weit über die Grenzen Michigans hinaus als die Kurklinik schlechthin und als eine Art Wellness-Hotel für jährlich 1.600 Gäste der vornehmen und vermögenden Gesellschaft, darunter auch Promis wie Autobauer Henry Ford, Thomas Edison, Erfinder des Telefons oder der Industrielle John D. Rockefeller. Es wurde geleitet von Dr. John Harvey Kellogg. Er war überzeugtes Mitglied der Religionsgemeinschaft »Adventisten vom Siebten Tag«, hatte deren strenge »Spielregeln« für eine gesunde Lebensweise im »San« eingeführt und achtete darauf, dass seine Patienten und Gäste sie so verinnerlichten, dass sie sich auch über den Kuraufenthalt hinaus daran hielten. Die Diätvorschriften umfassten ein striktes Alkohol- und Rauchverbot, ebenso waren coffeinhaltige Lebensmittel oder gar Fleisch absolut tabu. Mehr noch: Dr. Kellogg liebte es geradezu, seinen Patienten und Anhängern die schädlichen Auswirkungen von Fleischgenuss auf den menschlichen Organismus in den anschaulichsten Schilderungen zu vermitteln.

Sein jüngerer Bruder Will Keith Kellogg übernahm die Management-Aufgaben im Hintergrund und befasste sich zugleich mit der Entwicklung schmackhafter und gesunder Lebensmittel auf Getreidebasis. John Harvey hatte bereits einen Kaffee-Ersatz auf Getreidebasis, Erdnussbutter und Granola, eine Art knuspriges Müsli mit Trockenfrüchten und Honig, erfunden – Lebensmittel, die sich weltweit auch noch heute großer Beliebtheit erfreuen.

Purer Zufall und ein bisschen Neugierde

1894 war Will Keith nun eigentlich dabei, eine Alternative zu dem recht harten und geschmacksneutralen Brot, das im »San« morgens serviert wurde, zu entwickeln. Er kochte verschiedene Getreidesorten und

1906: Die erste Produktionsstätte von Will Keith Kellogg

Will Keith Kellogg fertigt einen Teigstrang in der Walze

Geburtsstunde des Knusper-Welterfolgs: W.K. Kellogg produziert erste Flakes

presste die aufgequollenen Körner durch gewaltige Walzen, so dass sie sich zu einem Teigstrang verbanden, den man in Streifen schneiden und backen konnte.

Eines Tages wurden die Arbeiten mitten im Produktionsprozess ausgerechnet nach dem Kochvorgang unterbrochen. Als Will Keith zurückkam, waren die Körner bereits recht ausgetrocknet und altbacken; eigentlich war damit nichts mehr anzufangen. Eigentlich. Aber es interessierte Will Keith, wie sich das vorbehandelte Getreide verhalten würde, wenn man es nun doch noch weiter verarbeitete. Zu verlieren gab es ja nichts, außer vielleicht ein wenig Zeit. Will Keith ließ also die Maschinen wieder anstellen und schon war das Experiment in Gang gekommen. Am anderen Ende der Walzen dann erstaunte Gesichter: Heraus kamen kleine, dünne Flocken! Als diese noch gebacken wurden, schmeckten sie herrlich leicht und knusprig. Die ersten »Flakes« waren erfunden!

Zu diesem Zeitpunkt ahnten die Gebrüder Kellogg allerdings noch nicht, welchen Siegeszug diese rund um die Welt antreten sollten.

Die Flocken schmeckten den Gästen des »San« nämlich so gut, dass sie auch nach ihrer Abreise nicht darauf verzichten wollten – so gründeten John Harvey und Will Keith die »Sanitas Nut Food Company«, die ihre Frühstücksflocken schon bald quer über den nordamerikanischen Kontinent lieferte. Schnell fanden sich zahlreiche Nachahmer in Battle Creek ein, schon 1902 waren mehr als 40 Firmen registriert, die Frühstücksflocken produzierten. Aber durch den Schriftzug von W. K. Kellogg war die Originalität von KELLOGG'S CORN FLAKES gewährleistet. Auch konnten viele der Konkurrenten nur vorübergehend Erfolg und damit schwarze Zahlen verbuchen.

Der Schritt zum großen Erfolg

Die später so berühmten Corn Flakes, also Flocken aus Mais, erfand Will Keith im Jahr 1898. Enttäuscht darüber, dass sein Bruder sich nicht für seine Entdeckungen und Erfindungen begeisterte und sich ausschließlich um seine Patienten kümmerte, beschloss Will Keith bald darauf, sich selbstständig zu machen.

Die erste eigene Fabrik von W. K. Kellogg

Die junge Dame auf dem Titelbild dieser Anzeige wurde für einige Zeit als »The Sweetheart of the Corn®« zur Symbolfigur des Unternehmens

Die erste Zugabe beim Kauf einer Packung KELLOGG'S CORN FLAKES plus 10 Cents war 1910 das Buch »Funny Jungleland« mit lustigen Figuren

Mit dieser Anzeige gelang es Will Keith Kellogg den Verkauf von CORN FLAKES Packungen von 33 auf 2900 Packungen pro Tag zu steigern

Am 1. April 1906 war es schließlich soweit: Die Maschinen und Förderbänder seiner eigenen Fabrik, der »The Battle Creek Toasted Corn Flake Company«, liefen an und produzierten mit Malz gewürzte Corn Flakes. Süßlich gewürzt waren sie, damit sie noch besser schmeckten und sich von den Wettbewerbern unterschieden. Endlich war es Will Keith nun möglich, Produkte nur nach seinen eigenen Vorstellungen zu entwickeln und zu vermarkten. Er wollte den Menschen mitteilen, dass seine Produkte nicht nur gesund waren, wollte sich nicht länger wie sein Bruder nur an Kranke wenden – nein, er erkannte, dass man mit Cerealien sich nicht nur vorbeugend gesund ernähren kann, sondern dass sie schmecken, dass man mit Frühstücksflocken einfach auch jede Menge Spaß beim Essen haben kann. So verwendete er einen Großteil seiner ersten Einnahmen, um 1906 in der Juli-Ausgabe der Zeitschrift »The Ladies Home Journal« eine ganzseitige Anzeige zu buchen – damals eine fast revolutionäre Werbemaßnahme. Er bat seine bereits vom Produkt überzeugten Kunden darin, doch 30 Tage lang auf den Kauf der Flakes zu verzichten, damit auch andere Haushalte die Chance hätten, endlich einmal in den Genuss von Kellogg's-Produkten zu kommen. Mit dieser Maßnahme wollte er seinen Wettbewerbern, die seine Packungen kopierten, Paroli bieten. Der Erfolg war enorm: Der Verkauf seiner CORN FLAKES Packungen stieg von bis dahin 33 Stück auf sensationelle 2900 Schachteln pro Tag an – eine Steigerung von nahezu 1000 Prozent!

Der ganz große Erfolg

Will Keith blieb bei seiner Marketingstrategie, buchte weitere Anzeigen und veranstaltete Promotions, um die Amerikaner von »The Original and Best« KELLOGG'S CORN FLAKES zu überzeugen. 1909 verkaufte er bereits über eine Million Packungen. Und dies, obwohl er 1907 einen großen Rückschlag verbuchen musste: Das Firmengebäude brannte eines Nachts bis auf die Grundmauern ab. Will Keith ließ unbeirrt sofort ein neues Gebäude errichten, das übrigens bis heute Sitz des Kellogg-Stammhauses ist.

An Ideen, sein Produkt aus der Masse aller Wettbewerber herausragen zu lassen, mangelte es ihm wahrlich nicht: Während der Promotion »Schenken Sie Ihrem Lebensmittelhändler ein freundliches Lächeln« konnte man Corn Flakes-Packungen gewinnen. 1910 gab es dann zum ersten Mal eine Zugabe zur Packung – den Vorreiter aller Starwars, Löffel und Pokémon: »Funny Jungleland Moving-Pictures« mit vielen sich bewegenden Figuren. Und auf dem New Yorker Times Square leuchtete von einem Dach Will Keith Kellogg's Handschrift und verkündete »Das Original trägt diese Unterschrift«.

W. K. Kelloggs Unterschrift ziert noch heute jede Packung CORN FLAKES und Co.

Will Keith legte aber auch großen Wert darauf, dass die Qualität seiner Produkte stets gleichbleibend gut und herausragend war. Es erwies sich als Problem, dass die trockenen Flocken in ihren Packungen Luftfeuchtigkeit aufsogen und somit gerade bei feuchter oder kalter Witterung leicht aufquollen und ihre Knusprigkeit verloren. Auch hierfür fand er eine Lösung: Ab 1914 wurden die Flakes in WAXTITE®, einem mit einer dünnen, isolierenden Wachsschicht versehenen Papier, verpackt – die Feuchtigkeit hatte fortan keine Chance mehr.

Will Keith holte 1923 Mary Barber in seine im Jahr zuvor in »KELLOGG COMPANY« umbenannte Firma und installierte eine weitere Neuerung auf dem Lebensmittelmarkt:

Mary Barber, die Leiterin der KELLOGG KITCHEN™ (gegründet 1923)

Mary etablierte eine der ersten Verbraucher-Beratungsstellen. Sie sammelte die neuesten wissenschaftlichen Erkenntnisse über gesunde Ernährung, wertete sie aus und stellte sie Diätassistentinnen und Ernährungsberaterinnen zur Verfügung. Darüber hinaus entwickelte sie in KELLOGG KITCHEN™ erste Rezeptideen mit KELLOGG'S CORN FLAKES & Co., die in amerikanischen Zeitungen und Zeitschriften gerne veröffentlicht wurden.

1930 wurden dann erstmals die Nährwerte auf die Packungen gedruckt. Auch Rezepte und kleine Zusatzbotschaften wie Hinweise auf Gewinnspiele oder Promotionaktionen fanden nun Platz auf den KELLOGG'S Schachteln.

Der Menschenfreund

Im gleichen Jahre gründete Will Keith Kellogg mit der W. K. Kellogg Foundation eine Stiftung, die es Menschen ermöglichen sollte, sich selbst zu helfen. Sie ist heute weltweit renommiert und fördert Projekte in den gesellschaftspolitischen Bereichen Gesundheit, Erziehung, Landwirtschaft und Jugend.

Will Keith Kellogg starb am 6. Oktober 1951 im hohen Alter von 91 Jahren.

Weltweites Knuspern

Im Jahre 1914 wurden die ersten KELLOGG'S Produkte erstmals außerhalb der USA, in Kanada, verkauft. Die erste Produktionsstätte in Übersee wurde 1924 in Sydney/Australien eingeweiht, 1938 folgte eine Fabrik in Manchester/England. 1951 wurde die mexikanische Niederlassung in Queretaro eröffnet, seit 1963 liefen in Tokio/Japan die ersten Flakes vom Band, 1964 in Bremen/Deutschland. 30 Jahre später folgten Standorte in Bombay/Indien (1994) und Guangzhou/China (1995). Und seit 1997 knuspert es auch in der thailändischen Niederlassung in Rayong.

Heute stellt KELLOGG an 24 Produktionsstandorten in 20 Ländern weltweit über 50 verschiedene Produkte her und vertreibt diese in beinahe 160 Ländern.

Schon die erste Packung CORN FLAKES trug die Unterschrift von W. K. Kellogg

Frühstücksknuspereien

Guten Morgen! Hmmm, es riecht nach Frühstück! Frische Brioches, köstliche Mini-Muffins und ein leckeres Omelette. Oder doch ein knuspriges Müsli oder Flakes pur? Genau, und einen Obstsalat! So kann der Tag auf alle Fälle knackig und knusprig beginnen – mal früher und natürlich auch mal etwas später!

Pfirsichshake

Zutaten für 4 Personen:

500 ml Buttermilch
3 Pfirsiche (ersatzweise Dosenfrüchte)
1–2 EL Zitronensaft
40 g CORN FLAKES
4 EL Zucker
Muskatnuss nach Belieben

So wird's gemacht:

1. Die Buttermilch und die Pfirsiche für mindestens 1 Std. in den Kühlschrank stellen.
2. Die Pfirsiche waschen, halbieren und entkernen. Das Fruchtfleisch etwas kleinschneiden und mit dem Zitronensaft beträufeln. Zusammen mit den CORN FLAKES und dem Zucker im Mixaufsatz der Küchenmaschine gut durchmixen.
3. Den Shake in hohe Gläser füllen. Zum Schluss nach Belieben 1 Prise Muskat darüber reiben und CORN FLAKES darauf streuen. Sofort servieren, damit die FLAKES nicht Feuchtigkeit ziehen.

Kühlzeit: 1 Std.
Zubereitungszeit: etwa 5 Min.
Pro Portion etwa: 130 kcal/530 KJ

Variante: Erdbeershake

Statt Pfirsichen 250 g Erdbeeren in den Shake geben. Wer mag, kann den Honig gegen Zucker austauschen.

Tipp

Geben Sie noch Vanilleeis mit in den Mixer. Gut macht sich auch 1 kleine Kugel im fertigen Drink.

Vanillequark mit Orangen

Zutaten für 4 Personen:

4 Orangen
2 EL flüssiger Honig
1 Vanilleschote (oder 1 Päckchen Vanillezucker)
500 g Magerquark
80 g CRUNCHY NUT®
Minzeblätter zum Dekorieren

So wird's gemacht:

1. Die Orangen gut abschälen, auch den weißen Bast. Über einer Schüssel die Filets aus den Häuten schneiden, Saft und Filets fallen dabei in die Schüssel. Die Filets wieder aus der Schüssel nehmen, abtropfen lassen und in kleine Schälchen füllen.

2. Den Saft mit dem Honig verrühren. Die Vanilleschote der Länge nach halbieren, das Mark herausschaben und in die Schüssel geben. Den Quark hinzufügen und glatt rühren. Wer es süßer mag, kann noch etwas Honig, Vanillezucker oder Zucker dazutun.

3. Den Quark auf den Orangen in den Schälchen verteilen und zum Schluss die CRUNCHY NUT® darüber streuen. Mit Minzeblättchen dekorieren.

Zubereitungszeit: etwa 15 Min.
Pro Portion etwa: 240 kcal/1005 KJ

Variante:

Auch grob gehackte Nüsse schmecken gut zum Quark.

K Tipps

Kinder können die geschälten Orangen in Scheiben teilen und in Stücke schneiden.

Die ausgeschabten Vanilleschoten sammeln und in Zucker einlegen. So können Sie Ihren Vanillezucker selbst herstellen.

Müsli

Zutaten für 4 Personen:

1 Apfel
Zitronensaft
2 EL Honig
3 EL Nüsse, Mandelstifte oder Sonnenblumenkerne
200 g JUST RIGHT®
150 g Jogurt
150 g Quark
50 ml Milch oder 50 g Sahne
1 Päckchen Vanillezucker

So wird's gemacht:

1. Den Apfel waschen, vierteln, vom Kerngehäuse befreien und in Stücke schneiden. In eine Schüssel geben und mit Zitronensaft beträufeln.
2. Nun den Honig, die Nüsse und die JUST RIGHT® zum Apfel geben und alles miteinander vermengen.
3. Den Jogurt, den Quark, die Milch und den Vanillezucker dazugeben und alles verrühren. Den Quark auf kleine Schalen verteilen. Die Apfel-Nuss-Masse darüber geben.

Zubereitungszeit: etwa 15 Min.
Pro Portion etwa: 330 kcal/1375 KJ

Tipp

Frisches Obst wie Erdbeeren, Pfirsiche oder Beeren schmecken sehr gut dazu, auch alle Arten von Nüssen.

Obstsalat

Zutaten für 4 Personen:

2 Orangen
2 Kiwis
1/2 Ananas
1 Apfel
1 Banane
160 g TOPPAS®
2 TL Honig
250 g Jogurt
1 Päckchen Vanillezucker

So wird's gemacht:

1. Die Orangen gut schälen und die Filets über einer Schüssel aus den Häuten schneiden. Filets und Saft in der Schüssel auffangen. Kiwis schälen, halbieren und in Scheiben schneiden.

2. Ananas mit einem großen Messer schälen und längs vierteln. Den Strunk herausschneiden und die Viertel in Scheiben schneiden.

3. Den Apfel gründlich waschen, vierteln, entkernen und in Stücke schneiden. Die Banane schälen und in Scheiben schneiden. Alles mit den TOPPAS® in der Schüssel vermengen.

4. Honig, Jogurt und Vanillezucker in einer Schüssel glatt rühren. Obstsalat auf vier Schalen aufteilen und den Jogurt darauf setzen. Je nach Jahreszeit können Sie auch Beeren in den Obstsalat geben.

Zubereitungszeit: etwa 20 Min.
Pro Portion etwa: 295 kcal/1230 KJ

K Tipp

Den Obstsalat sollten Sie nicht vorbereiten und stehen lassen, sondern immer frisch zubereiten und gleich verzehren. Er verliert sonst ganz schnell seine Vitamine und wird außerdem matschig.

Milchbrötchen

Zutaten für 12 Stück:

500 g Mehl
80 g OPTIMA FRUIT'N FIBRE®
1 Würfel Hefe
1/4 l lauwarme Milch
60 g Butter
50 g Zucker
2 Eier
1 TL Salz
Backpapier für das Blech
Mehl für die Arbeitsfläche
2 EL Milch zum Bestreichen

1937 erhielt man beim Kauf von KELLOGG'S Produkten Teile dieses blauen Frühstücks-Sets

So wird's gemacht:

1. Mehl und OPTIMA FRUIT'N FIBRE® mischen. Die Hefe zerbröckeln und in wenig lauwarmer Milch auflösen. In der Mitte mit etwas Mehl und Zucker verrühren, zudecken und an einem warmen Ort etwa 20 Min. ruhen lassen.
2. Butter schmelzen. Mit restlicher Milch, übrigem Zucker, Eiern und Salz zum Vorteig geben und alles zu einem glatten Teig verkneten. Eventuell muss noch etwas Mehl dazu: der Teig soll sich gut vom Schüsselrand lösen. Wieder abgedeckt gehen lassen, bis sich das Teigvolumen fast verdoppelt hat.
3. Inzwischen den Backofen auf 180° vorheizen. Ein Backblech mit Backpapier auslegen. Den Teig auf die bemehlte Arbeitsfläche geben und in 12 gleich große Stücke teilen. Diese in der hohlen Handfläche rund rollen und mit Abstand auf das Backblech setzen. Oben mit der Schere kreuzweise einschneiden und wieder gehen lassen, bis sich das Volumen fast verdoppelt hat.
4. Die Brötchen mit Milch bestreichen und im Backofen (Mitte, Umluft 160°) in gut 30 Min. goldgelb backen.

Ruhezeiten: 1 Std.
Zubereitungszeit: etwa 55 Min.
Pro Stück etwa: 245 kcal/1035 KJ

Pancakes

Zutaten für 4 Personen:

80 g SPECIAL K®
150 g Mehl
1 Päckchen Vanillezucker
Salz
4 Eier
200 ml Milch
Butter oder Margarine zum Braten

So wird's gemacht:

1. Die SPECIAL K® grob zerstoßen (siehe Tipp). Mit Mehl, Vanillezucker und 1 Prise Salz in einer Schüssel vermengen.

2. Die Eier verquirlen, die Mehlmischung leicht mit dem Schneebesen einrühren und dann die Milch dazurühren.

3. In einer Pfanne Fett schmelzen, etwas Teig hineingeben und durch Schwenken der Pfanne verteilen. Den Teig bei mittlerer Hitze backen, bis er unten Farbe bekommt, dann wenden und von der anderen Seite fertig backen. So aus dem gesamten Teig Pfannkuchen backen. Fertige Pfannkuchen im Backofen bei 50° warm halten.

4. In den USA werden die Pancakes mit Ahornsirup beträufelt. Wir Europäer bestreichen sie gerne mit Marmelade. Oder reichen frische Erdbeeren oder Kompott dazu.

Zubereitungszeit: etwa 30 Min.
Pro Portion etwa: 360 kcal/1500 KJ

Tipp

Für einige Rezepte müssen FLAKES & Co. zerstoßen oder gemahlen werden. Dazu packen Sie das angegebene Produkt am besten in einen Gefrierbeutel, verschließen diesen und fahren mit der Nudelrolle darüber. Richtig fein gemahlen werden FLAKES & Co. im Mixaufsatz der Küchenmaschine.

Brioches

Zutaten für 12 Stück:

100 g FROSTIES®
250 g Mehl
1/2 Würfel Hefe
80 ml lauwarme Milch
3 Eier
50 g Butter
30 g Zucker
Salz
Mehl für die Arbeitsfläche
1 Muffinform
Butter für die Form
1 Eigelb zum Bestreichen

So wird's gemacht:

1. FROSTIES® fein mahlen (siehe Tipp Seite 22) und mit dem Mehl und etwas Zucker in einer Schüssel vermengen. Hefe zerbröckeln, in der lauwarmen Milch auflösen und in die Mitte der Schüssel schütten. 10 Min. zugedeckt an einem warmen Ort stehen lassen.

2. Eier, Butter, restlichen Zucker und Salz hinzufügen und alles verkneten. Wieder abgedeckt an einem warmen Ort 45 Min. gehen lassen.

3. Arbeitsfläche mit Mehl bestäuben. Die Muffinform gut fetten. Den Teig in 12 gleich große Stücke teilen. Diese mit Mehl bestäuben und in der hohlen Hand rund rollen. Dann mit den Fingerspitzen ein Stück Teig rund formen und abdrehen. So entsteht die typische obere Kugel. Die kleine Kugel wieder etwas andrücken. Die Brioches in die Muffinmulden setzen. An einem warmen Ort 1 Std. gehen lassen. Inzwischen den Backofen auf 200° vorheizen.

4. Die Brioches mit dem Eigelb bestreichen und im Backofen (Mitte, Umluft 180°) in etwa 20 Min. goldgelb backen.

Ruhezeiten: 2 Std.
Zubereitungszeit: etwa 1 Std.
Pro Stück etwa: 185 kcal/780 KJ

Tipps

Geben Sie 40 g Rosinen mit in den Teig.
In Frankreich gibt es Brioches zum Frühstück mit Marmelade.

Apfelplunder

Zutaten für 8 Stück:

4 rechteckige Platten TK-Blätterteig
2 Äpfel
1 EL Butter
2 EL Zucker
6 EL JUST RIGHT®
1 Prise Zimtpulver
1 Ei
Mehl für die Arbeitsfläche

So wird's gemacht:

1. Die Blätterteigplatten nebeneinander auf die bemehlte Arbeitsfläche legen und auftauen lassen. Den Backofen auf 200° vorheizen. Die Äpfel schälen, vierteln und in Schnitze schneiden. In einer Pfanne die Butter schmelzen und die Äpfel darin bei mittlerer Hitze kurz anbraten. Zucker, JUST RIGHT® und Zimt dazugeben. Die Pfanne vom Herd nehmen und alles gut vermengen.
2. Die Blätterteigplatten mit dem Nudelholz so ausrollen, dass man noch zwei Quadrate daraus schneiden kann und halbieren. Die Apfelmasse mittig auf die Teigquadrate setzen. Das Ei verquirlen. Die Teigränder mit dem Ei bestreichen. Den Teig auf einer Seite umschlagen und an den Rändern andrücken. An den Nahtstellen mit einer Schere etwas einschneiden, sodass ein Kamm-Muster entsteht.
3. Das Backblech mit kaltem Wasser abspülen. Die Taschen auf das Blech setzen und mit dem restlichen Eigelb einpinseln. Im Backofen (Mitte, Umluft 180°) gute 15 Min. backen.

Zubereitungszeit: etwa 45 Min.
Pro Stück etwa: 260 kcal/1095 KJ

Omelett mit Tomaten und Spinat

Zutaten für 2 Personen:

75 g frischer Blattspinat
2 Schalotten
1–2 Tomaten
4 Eier
3–4 EL Milch
2 EL Butter
30 g ALL-BRAN PLUS®
2 TL Schnittlauchröllchen
Salz, Pfeffer

Tipps

Wenn Sie richtig satt werden möchten, müssen Sie beispielsweise noch ein Brot oder Brötchen dazu essen. Die angegebene Menge reicht für ein Frühstück oder eine Zwischenmahlzeit.

Wenn Sie TK-Blattspinat verwenden wollen, diesen aufgetaut zur Eimasse geben.

So wird's gemacht:

1. Den Spinat putzen, gründlich waschen und trockenschleudern. Die Schalotten schälen und in Würfel schneiden. Tomaten waschen und vierteln, dabei den Strunk entfernen. Das Fruchtfleisch herausschneiden (es wird nicht verwendet) und die Tomatenzungen in Würfel schneiden. Eier und Milch miteinander verquirlen.

2. In einer Pfanne 1 EL Butter erhitzen und die Hälfte der Schalottenwürfel darin bei mittlerer Hitze dunsten. Die Hälfte vom Spinat dazugeben und angehen lassen, bis er zusammenfällt. ALL-BRAN PLUS® und Tomatenwürfel zur Hälfte hinzufügen. Mit Salz und Pfeffer würzen. Die halbe Eiermasse in die Pfanne geben und bei schwacher Hitze von einer Seite stocken lassen. 1 TL Schnittlauch darüber streuen. Das Omelett wie eine Tasche umschlagen und zu Ende ziehen lassen. Gleich servieren.

3. Aus den restlichen Zutaten dann wie beschrieben für den Koch ein zweites Omelett zubereiten.

Zubereitungszeit: etwa 30 Min.
Pro Portion etwa: 330 kcal/1365 KJ

Vorspeisen & Snacks

Time to snack, time to knusper! Da werden große und kleine Träume wahr: Krosse Texas-Pommes und echt amerikanische Chicken Nuggets – das schmeckt nach mehr! Und die Zunge gerät ins Schwärmen, wenn sie nach dem Biss in eine knackig-knusprige Schicht Corn Flakes auf die milde Cremigkeit des Camembert trifft.

Tomatensuppe

Zutaten für 4 Personen:

1 Zwiebel
1 Knoblauchzehe
4 Zweige frischer Thymian (oder 1/2 TL getrockneter)
1 EL Olivenöl
1 EL Tomatenmark
700 g geschälte Tomaten (aus der Dose)
3/4 l Gemüsebrühe
1/2 Bund Basilikum
30 g ALL-BRAN PLUS®
Salz, Pfeffer, Zucker

So wird's gemacht:

1. Die Zwiebel und den Knoblauch schälen und fein hacken. Frische Thymianblättchen von den Zweigen streifen.
2. Das Öl in einem großen Topf erhitzen und Zwiebel und Knoblauch darin bei mittlerer Hitze glasig dünsten. Tomatenmark, Thymian und die Tomaten dazugeben und kurz mitdünsten. Die Gemüsebrühe dazugießen. Alles mit etwas Pfeffer, Salz und 1 Prise Zucker würzen.
3. Die Suppe aufkochen und etwa 30 Min. köcheln lassen. Das Basilikum waschen und die Blätter in feine Streifen schneiden.
4. Die Suppe mit dem Pürierstab fein pürieren. Auf Teller verteilen, mit dem Basilikum und den ALL-BRAN PLUS® bestreuen und sofort servieren.

Zubereitungszeit: etwa 45 Min.
Pro Portion etwa: 100 kcal/420 KJ

Tipp

Ein Schuss Sahne verfeinert den Geschmack der Suppe. Sie können die Sahne flüssig in die Suppe rühren oder auf jeden Teller 1 Klacks geschlagene Sahne setzen.

Toast Hawaii

Zutaten für 4 Personen:

8 Scheiben Ananas (1 große Dose)
8 Scheiben Vollkorntoastbrot
40 g Butter
8 Scheiben gekochter Schinken
2–3 EL Preiselbeermarmelade
4 EL POPS®
8 Scheiben Käse zum Überbacken (z. B. Gouda)
Paprikapulver, edelsüß

So wird's gemacht:

1. Den Backofen auf 180° vorheizen. Die Ananas aus der Dose nehmen und abtropfen lassen. Den Toast toasten und mit Butter bestreichen. Auf jede Scheibe 1 Schinkenscheibe und darauf 1 Ananas legen.
2. In die Mitte der Ananas etwas Preiselbeermarmelade füllen. Die POPS® darüber geben. Zum Schluss den Käse oben drauflegen.
3. Die Toasts auf das Backblech legen und im Backofen (Mitte, Oberhitze) etwa 10 Min. überbacken, bis der Käse geschmolzen ist. Wer mag, kann die fertigen Toasts mit etwas Paprika bestreuen.

Zubereitungszeit: etwa 15 Min.
Pro Portion etwa: 740 kcal/3105 KJ

Varianten:

Auch mit Mozzarella-Scheiben schmeckt der Toast sehr gut. Und CORN FLAKES statt POPS® eignen sich auch.

Tipp

Es lohnt sich, auch mal eine frische Ananas für den Toast zu kaufen. Es ist gar nicht so mühsam, die Frucht zu schälen. Und sie duftet und schmeckt unvergleichlich.

Gebackener Camembert

Zutaten für 4 Personen:

40 g CORN FLAKES
4 EL Semmelbrösel
1–2 Eier
2 EL Mehl
4 Stück runder Camembert (fettarm)
3 EL Öl zum Braten
Salz, Pfeffer
Preiselbeermarmelade

So wird's gemacht:

1. Die CORN FLAKES mahlen oder zerstoßen (siehe Tipp Seite 22) und mit den Semmelbröseln mischen. Die Eier in einer Schüssel verquirlen. Das Mehl auf einem Teller verteilen.

2. Die Camembert-Stücke erst im Mehl wenden, dann in die Eier tauchen und mit den CORN FLAKES panieren.

3. In einer Pfanne (am besten in einer beschichteten, das spart Fett) das Öl erhitzen und die Käse darin bei mittlerer Hitze auf jeder Seite in 3–4 Min. goldgelb braten. Auf Küchenpapier zum Entfetten legen und eventuell mit Salz und Pfeffer würzen. Dazu Preiselbeermarmelade servieren. Ein frischer Salat rundet die Mahlzeit ab.

Zubereitungszeit: etwa 25 Min.
Pro Portion etwa: 465 kcal/1955 KJ

Variante:

Statt Camembert können Sie auch andere Käsesorten wie Mozzarella, Schafs- oder Ziegenkäse verwenden.

Tipp

Sie können noch frische Kräuter wie Thymian unter die Semmelbrösel mengen. Zu Schafskäse passen auch gut Kräuter der Provence.

Texas-Pommes

Zutaten für 4 Personen:

600 g neue Kartoffeln
Salz
1 Knoblauchzehe
2 EL Öl (oder Pflanzencreme)
Cayennepfeffer
Paprikapulver, rosenscharf
30 g SPECIAL K®

So wird's gemacht:

1. Die Kartoffeln gründlich waschen und der Länge nach vierteln. In Salzwasser 12–15 Min. kochen. Die Kartoffeln abgießen und gut abtropfen lassen.
2. Den Knoblauch schälen, halbieren und in eine große Pfanne legen. Das Öl hineingießen und erhitzen. Die Kartoffelviertel darin bei mittlerer bis starker Hitze in 5–10 Min. von allen Seiten goldgelb braten. Mit Cayennepfeffer, Salz und Paprikapulver würzen.
3. SPECIAL K® fein mahlen (siehe Tipp Seite 22) und zum Schluss mit in die Pfanne geben. Nochmal kurz erhitzen und die Pommes mit Ketchup servieren.

Zubereitungszeit: etwa 50 Min.
Pro Portion etwa: 180 kcal/745 KJ

K Tipp

Die Texas-Pommes kann man zu vielen Anlässen servieren, ob zum Grillen, Kindergeburtstag, als Beilage zu einem Steak oder nur so mit Mayo zum Dippen.

Chicken Nuggets

Zutaten für 4 Personen:

70 g CORN FLAKES
3 Hähnchenbrüste
Salz, Pfeffer
2 EL Mehl zum Bestäuben
2 Eier
1 TL Milch
3 EL Öl zum Braten

Tipp

Am besten nimmt man zum Braten von Paniertem sowie aller Gerichte, die nur leicht gebraten werden, eine beschichtete Pfanne; dabei reduziert sich der Fettverbrauch und das Bratgut brennt nicht so leicht an.

So wird's gemacht:

1. Die CORN FLAKES fein mahlen (siehe Tipp Seite 22). Die Hähnchenbrüste abbrausen und trocken tupfen. In 1–2 cm dicke Scheiben schneiden und in eine Schüssel geben. Mit Salz und Pfeffer würzen. Mit Mehl bestäuben und einmal durchmengen.

2. Die Eier mit der Milch verquirlen und mit den CORN FLAKES in die Schüssel zu den Hähnchenstücken geben. Alles gut mischen und etwa 4 Min. stehen lassen, damit die Masse etwas andickt. Sollte sie sehr flüssig sein, noch 1 EL Mehl unterrühren.

3. Das Öl in einer beschichteten Pfanne erhitzen. Die Nuggets aus der Panade nehmen, eventuell etwas abtropfen lassen und im Öl bei mittlerer Hitze von beiden Seiten in etwa 10 Min. goldgelb braten.

Zubereitungszeit: etwa 25 Min.
Pro Person etwa: 355 kcal/1490 KJ

Bunter Salat mit Hähnchenbrust

Zutaten für 4 Personen:

Salat:

2 Tomaten
8 Radieschen
2 Möhren
4 EL Sprossen (nach Geschmack; Reformhaus, Bioladen)
4 Portionen Blattsalate (z. B. Rucola, Lollo Rosso, Kopfsalat)
3 EL weißer Aceto balsamico
1/2 TL Senf
Salz, Pfeffer
6 EL Öl
1 EL frische gehackte Kräuter (nach Geschmack)

Hähnchenbrust:

280 g Hähnchenbrust
1 EL Öl
4 EL CORN FLAKES
Salz, Pfeffer, Cayennepfeffer

So wird's gemacht:

1. Für den Salat die Tomaten waschen und kleinschneiden, dabei die Strünke herausschneiden. Radieschen putzen, waschen und in Scheiben schneiden. Möhren waschen, schälen und grob raspeln. Alles mit den Sprossen in eine Schüssel geben.

2. Salate putzen, waschen und trocken schleudern.

3. Essig und Senf in einer Schüssel verrühren. Mit Salz und Pfeffer würzen. Das Öl langsam mit dem Schneebesen unterrühren. Die Kräuter hinzufügen.

4. Die Hähnchenbrust waschen, abtrocknen und in Streifen schneiden. In einer Pfanne das Öl erhitzen, das Fleisch darin bei mittlerer Hitze 2–3 Min. braten. Mit Salz, Pfeffer und Cayennepfeffer würzen.

5. Salate und Gemüse mit der Salatsauce vermengen und auf Teller verteilen. Die CORN FLAKES darüber streuen und das Fleisch um den Salat anrichten.

Zubereitungszeit: etwa 30 Min.
Pro Portion etwa: 300 kcal/1255 KJ

K Tipp

Gerade in Salatdressings geben ausgefallenere Öle einen guten Geschmack. Mischen Sie z. B. 1 EL Walnussöl unter neutrales Öl. Hier schätze ich sehr das Rapsöl.

Kartoffelpuffer mit Pflaumen

Zutaten für 4 Personen:

400 g Pflaumen (frisch oder aus dem Glas)
100 g Zucker
200 ml Orangensaft oder Pflaumensaft aus dem Glas
Zimtpulver
1 TL Speisestärke
40 g CORN FLAKES
400 g Kartoffeln
Salz
1 Ei
Mehl bei Bedarf
Öl zum Braten
Puderzucker

So wird's gemacht:

1. Frische Pflaumen waschen, halbieren und entkernen. Pflaumen aus dem Glas abtropfen lassen, den Saft auffangen. Den Zucker in einem Topf bei schwacher Hitze schmelzen und goldbraun werden lassen (= karamellisieren). Den Saft dazugeben und köcheln lassen, bis sich das Karamell aufgelöst hat. Pflaumen und Zimt hinzufügen und etwas einkochen lassen. Frische Pflaumen sollen weich werden, die aus dem Glas nur warm. Die Speisestärke in wenig Wasser anrühren, in das Kompott geben und einmal aufkochen lassen.
2. Die CORN FLAKES grob zerstoßen (siehe Tipp Seite 22). Die Kartoffeln waschen, schälen und grob reiben. Ein wenig Salz dazugeben. Mit CORN FLAKES und dem Ei in einer Schüssel vermengen. Eventuell noch ein bisschen Mehl unterrühren.
3. In einer Pfanne Öl erhitzen. Mit einem Esslöffel 7–8 cm große Fladen in das heiße Öl setzen und bei mittlerer Hitze von beiden Seiten goldgelb braten. Fertige Puffer im Backofen warm stellen. Vor dem Servieren mit Puderzucker bestäuben.

Zubereitungszeit: etwa 40 Min.
Pro Portion etwa: 340 kcal/1420 KJ

Milchreis

Zutaten für 4 Personen:

1 Vanilleschote
3/4 l Milch
250 g Sahne
80 g Zucker
Salz
250 g Milchreis
30 g CHOCO KRISPIES®
Zimt-Zucker zum Bestreuen
kleine Erdbeeren zum Dekorieren

So wird's gemacht:

1. Die Vanilleschote der Länge nach halbieren und das Mark herausschaben. Beides mit der Milch, der Sahne, dem Zucker und 1 Prise Salz in einen Topf füllen und aufkochen lassen. Den Milchreis dazugeben und nach Packungsangabe köcheln lassen. Umrühren nicht vergessen, damit die Milch nicht anbrennt.

2. Sobald der Milchreis fertig ist, die Vanilleschote herausnehmen. Den Reis in tiefe Teller füllen und etwas abkühlen lassen. Mit etwas Zimt-Zucker und den CHOCO KRISPIES® bestreuen. Die Erdbeeren waschen, entkelchen und obendrauf setzen.

Zubereitungszeit: etwa 35 Min.
Pro Portion etwa: 690 kcal/2890 KJ

K Tipps

Der Milchreis reicht für 6 als Dessert, für 4 als Hauptspeise.

Er schmeckt auch kalt sehr gut, mit Schokoraspeln, Apfelmus, Kompott...

Hauptgerichte

Give me more! Der komplette Mittagsgenuss oder das knackige Abendessen – mit diesen Fisch-, Fleisch- oder Geflügel-Knuspereien werden alle Bäuche glücklich. Und manchmal geht´s auch ums Gemüse statt um die Wurst.

Maissuppe

Zutaten für 4 Personen:

1 kleine Dose Mais (325 g)
1 Zwiebel
1 Knoblauchzehe
2 EL Butter
50 g CRUNCHY NUT®
1/2 l Gemüsebrühe
250 g Sahne
Salz, Muskatnuss
1 EL saure Sahne
Schnittlauch und CRUNCHY NUT®
zum Dekorieren

So wird's gemacht:

1. Den Mais abgießen und abbrausen (das mache ich wegen der Konservierungsstoffe in der Dose). Zwiebel und Knoblauch schälen und grob schneiden. In einem großen Topf die Butter erhitzen und Zwiebel und Knoblauch darin dünsten. Mais und CRUNCHY NUT® dazugeben. Brühe und Sahne dazugießen, einmal aufkochen und etwa 20 Min. köcheln lassen. Mit Salz und Muskat würzen. Vom Herd nehmen.

2. Die saure Sahne dazugeben und die Suppe im Topf mit dem Pürierstab pürieren. Noch einmal abschmecken und in tiefen Tellern servieren. Mit Schnittlauch und CRUNCHY NUT® dekorieren.

Zubereitungszeit: etwa 35 Min.
Pro Portion etwa: 545 kcal/2290 KJ

Ganz schön praktisch: Zum Abdecken von Speisen konnte man zum Preis von 10 Cent diese »wasserdichten, staubdichten, hygienisch einwandfreien und in 3 Größen lieferbaren« Hauben kaufen

Lachsbällchen in Ananassauce

Zutaten für 4 Personen:

1 kleine Dose Ananas (350 g)
1 Zwiebel
50 g CORN FLAKES
350 g Lachsfilet
1 EL Semmelbrösel
1 Ei
1 TL frische gehackte Petersilie
2 TL Currypulver
Salz, Pfeffer
1–2 EL Zitronensaft
1 TL Butter
50 ml Weißwein
100 ml Gemüsebrühe
1 1/2 TL Speisestärke
Öl zum Braten

So wird's gemacht:

1. Die Ananas abgießen, den Saft dabei auffangen. Ananas in Würfel schneiden. Die Zwiebel schälen und klein würfeln.

2. Die CORN FLAKES in kaltem Wasser einweichen. Den Lachs würfeln und im Mixer pürieren. CORN FLAKES gut ausdrücken und mit dem Lachspüree in eine Schüssel füllen. Mit Semmelbröseln, Ei, Petersilie und 1 TL Curry vermengen. Mit Salz, Pfeffer und Zitronensaft abschmecken. Aus der Masse Bällchen abstechen und auf ein Backblech legen. Die Bällchen mit feuchten Händen rund rollen.

3. Eine beschichtete Pfanne mit Öl erhitzen und darin die Bällchen von allen Seiten gut anbraten. Zugedeckt bei schwacher Hitze etwa 5 Min. ziehen lassen.

4. Gleichzeitig in einem Topf die Butter erhitzen und darin die Zwiebelwürfel mit dem restlichen Curry anbraten. Mit dem Weißwein ablöschen und aufkochen lassen. Ananassaft und Brühe hinzufügen. Die Stärke mit 2 EL Wasser glatt rühren, einrühren und einmal aufkochen lassen. Die Ananas dazugeben, eventuell nochmal würzen. Die Sauce vom Herd nehmen und mit den Lachsbällchen anrichten. Dazu passt am besten Reis.

Zubereitungszeit: etwa 45 Min.
Pro Portion etwa: 415 kcal/1745 KJ

Tipp

Bällchen formt man am besten mit einem Eisportionierer. Mit einem Esslöffel werden sie länglicher.

Blumenkohlauflauf

Zutaten für 4 Personen:

1 Knoblauchzehe
1 Blumenkohl (400–500 g)
Salz
2 Zwiebeln
2 EL Butter
1 EL frische gehackte Petersilie
Muskatnuss
3 Eier
100 ml Milch
100 g Sahne
Pfeffer
40 g RICE KRISPIES®
100 g Gouda, frisch gerieben
Fett für die Form

So wird's gemacht:

1. Den Backofen auf 200° vorheizen. Den Knoblauch halbieren und damit eine Auflaufform ausreiben. Dann die Form fetten. Den Blumenkohl putzen, in stehendem Wasser waschen und in Röschen schneiden. Salzwasser zum Kochen bringen und die Röschen darin etwa 3 Min. sprudelnd kochen (blanchieren). In Eiswasser abschrecken und abtropfen lassen.
2. Die Zwiebeln schälen und würfeln. Die Butter erhitzen, die Zwiebeln darin glasig dünsten und in der Auflaufform mit dem Blumenkohl und der Petersilie vermengen. Mit Salz und Muskat würzen.
3. Zwei Eier, Milch und Sahne verquirlen. Mit Salz, Pfeffer und Muskat würzen.
4. Die Eiermilch über den Blumenkohl gießen und die RICE KRISPIES® und den Käse darüber streuen. Den Auflauf im Backofen (Mitte, Umluft 180°) etwa 30 Min. backen.

Zubereitungszeit: etwa 20 Min.
Backzeit: 30 Min.
Pro Portion etwa: 345 kcal/1445 KJ

Tipp

Wer mag, kann noch etwas Schinken kleinschneiden und mit der Eiermasse über den Blumenkohl geben.

Kapitän CORN's Fischstäbchen

Zutaten für 4 Personen:

400 g Dorsch (küchenfertig; siehe Tipp)
1 TL mittelscharfer Senf
Salz, Pfeffer
50 g CORN FLAKES
2 EL Semmelbrösel
3 EL Mehl
2 Eier
1 Schalotte
1 TL Butter
300 g tiefgekühlte Erbsen (aufgetaut)
Öl zum Braten
Zitrone zum Garnieren

So wird's gemacht:

1. Den Dorsch in etwa 3 cm breite Streifen schneiden und dünn mit Senf bestreichen. Mit Salz und Pfeffer würzen. CORN FLAKES zerbröseln oder mahlen (siehe Tipp Seite 22) und in einer Schüssel mit den Semmelbröseln vermengen. Das Mehl auf einen Teller geben. Die Eier in einem Suppenteller gut verquirlen. Die Fischstäbchen erst im Mehl, dann im Ei wenden, zum Schluss mit den CORN FLAKES panieren.

2. Die Schalotte schälen, fein würfeln und in einem Topf in der Butter andünsten. Die aufgetauten Erbsen darin zugedeckt bei schwacher Hitze etwa 5 Min. dünsten. Mit Salz und Pfeffer würzen.

3. Gleichzeitig in einer beschichteten Pfanne Öl erhitzen und die Fischstäbchen darin von beiden Seiten in je 4 Min. goldgelb braten. Mit Zitrone garnieren.

Zubereitungszeit: etwa 45 Min.
Pro Portion etwa: 310 kcal/1300 KJ

Tipp

Nicht jeden Fisch kann man gut in Stäbchen schneiden. Kabeljau z. B. ist nicht fest genug. Gut geeignet sind Dorsch oder Lachs.

Chicken Wings

Zutaten für 4 Personen:

20 Chicken Wings (frisch oder TK, siehe Tipp)
Salz, Pfeffer, Cayennepfeffer
20 g SPECIAL K®
1 Knoblauchzehe
2 EL Honig
3 EL Ketchup
1 EL Öl
2 EL Orangensaft
Öl zum Braten

So wird's gemacht:

1. Den Backofen auf 180° vorheizen. Tiefgefrorene Chicken Wings auftauen lassen. Hähnchenflügel, auch frische, abspülen und trocken tupfen. In einer größeren Pfanne Öl erhitzen. Die Wings darin von beiden Seiten goldgelb anbraten und auf ein Backblech legen. Alles mit Salz, Pfeffer und Cayennepfeffer würzen.
2. SPECIAL K® fein mahlen (siehe Tipp Seite 22). Den Knoblauch schälen und durch die Presse in eine Schüssel drücken. Mit Honig, Ketchup, Öl und Orangensaft gut verrühren. Nun die SPECIAL K® unterrühren. Diese Masse mit einem Teelöffel auf den Chicken Wings verteilen.
3. Im Backofen (Mitte, Oberhitze) etwa 12 Min. überbacken.

Zubereitungszeit: etwa 40 Min.
Pro Portion etwa: 255 kcal/1075 KJ

Tipps

Hühnerflügel gibt es zwei- und dreigliedrig. Sie können die Flügel an den Gelenken durchschneiden oder ganz lassen.

Die Paniermasse reicht für 10 zweigliedrige Flügel. Eventuell müssen Sie ein bisschen mehr SPECIAL K® und Öl nehmen.

Geflügelcurry

Zutaten für 4 Personen:

1 kleine Dose Ananas (425 g)
1 Zwiebel
2 EL RICE KRISPIES®
4 EL Speisestärke
2 EL Currypulver
600 g Hähnchenbrustfilets
1 EL Butter
50 ml Weißwein
100 ml Hühnerbrühe
200–250 g Sahne
Salz, Pfeffer
Öl zum Braten

So wird's gemacht:

1. Die Ananas abgießen, dabei den Saft auffangen. Die Früchte in Stücke schneiden. Die Zwiebel schälen, halbieren und in Würfel schneiden.
2. Die RICE KRISPIES® fein mahlen (siehe Tipp Seite 22). Mit 1 EL Speisestärke und 1 EL Curry in einer Schüssel vermengen. Das Hähnchenfleisch unter kaltem Wasser kurz abbrausen, abtrocknen und in etwa 2 cm große Stücke schneiden. In der Currymischung wenden. Eine beschichtete Pfanne mit Öl erhitzen und die Würfel darin bei mittlerer Hitze goldgelb braten. Auf einem Teller beiseite stellen.
3. Die Butter in der Pfanne erhitzen und die Zwiebel darin anbraten. Den restlichen Curry darin bei schwacher Hitze angehen lassen und mit dem Weißwein ablöschen, bei mittlerer Hitze einkochen lassen. Mit der Hälfte des Ananassafts wieder auffüllen. Jetzt erst Brühe und Sahne hinzufügen. Einmal aufkochen lassen, dann die Ananaswürfel dazugeben. 3 EL Speisestärke in 4 EL Wasser anrühren, in die Sauce rühren, nochmal aufkochen lassen. Mit 1 Prise Salz würzen.
4. Das Fleisch in die Sauce geben, erhitzen und mit Salz und Pfeffer würzen.

Zubereitungszeit: etwa 35 Min.
Pro Portion etwa: 620 kcal/2590 KJ

Tipp

Der feine Basmatireis passt besonders gut zum Curry. Kochen Sie ihn gleichzeitig mit dem Fleisch.

Putenschnitzel mit Kartoffelpüree

Zutaten für 4 Personen:

600 g Kartoffeln
500 g Zuckerschoten
70–80 g Butter
Salz, Pfeffer, Zucker
100 g CORN FLAKES
2 Eier
4 Putenschnitzel (à etwa 150 g)
3 EL Mehl
2 EL Öl
60 ml Milch
60 g Sahne
Muskatnuss

Vier, die zusammen passen: 1975 gab es das lustige Wiebel-Quartett in jeder CORN FLAKES Packung

So wird's gemacht:

1. Die Kartoffeln waschen, schälen und halbieren. Mit Wasser bedeckt in etwa 20 Min. gar kochen, dann abgießen.

2. Gleichzeitig die Zuckerschoten putzen und waschen. 2 EL Butter zerlassen und die Zuckerschoten mit etwas Wasser bei mittlerer Hitze zugedeckt gute 5 Min. dünsten. Mit Salz, Pfeffer und 1 Prise Zucker abschmecken.

3. CORN FLAKES grob zerdrücken (siehe Tipp Seite 22) und in einen Suppenteller geben. Eier in einem Teller verquirlen. Putenschnitzel salzen und pfeffern, mit Mehl bestäuben, in Ei wenden und mit CORN FLAKES panieren.

4. In einer beschichteten Pfanne das Öl erhitzen und die Schnitzel darin bei mittlerer Hitze von beiden Seiten in etwa 6 Min. goldgelb braten. Salzen und pfeffern.

5. Gleichzeitig Milch, Sahne und restliche Butter in einem Topf zum Kochen bringen. Vom Herd nehmen und die Kartoffeln mit der Kartoffelpresse hineindrücken. Mit Salz und Muskat würzen, mit einem Holzlöffel glatt rühren. Falls noch Stückchen zu sehen sind, kurz mit dem Schneebesen durchrühren.

Zubereitungszeit: etwa 45 Min.
Pro Portion etwa: 745 kcal/1310 KJ

Birnentarte mit Blauschimmelkäse

Zutaten für 1 Springform von 28 cm Ø:

TEIG: 200 g Mehl, Salz
100 g kalte Butter
1 Ei

BELAG: 2 EL Pinienkerne
100 ml Milch
100 g saure Sahne
3 Eier
150 g Gorgonzola
Salz, Pfeffer, Muskatnuss
3 Birnen
3 EL RICE KRISPIES®
Fett für die Form
Mehl für die Arbeitsfläche

SO WIRD'S GEMACHT:

1. Mehl mit 1 Prise Salz in eine Schüssel geben. Butter in Würfel schneiden und mit dem Ei zum Mehl geben. Alles zu einem glatten Teig verkneten, in Folie einschlagen und 30 Min. kühl stellen.

2. Inzwischen die Pinienkerne in einer trockenen Pfanne bei mittlerer Hitze unter Wenden goldgelb rösten und beiseite stellen. Milch, saure Sahne und Eier in einer Schüssel verquirlen und den Käse hineinbröseln. Mit Salz, Pfeffer und Muskat würzen. Die Birnen schälen, vierteln und die Kerngehäuse herausschneiden. Den Backofen auf 200° vorheizen.

3. Die Form fetten. Den Teig auf einer bemehlten Arbeitsfläche in Größe der Form ausrollen. Den Teig so auf das Nudelholz aufrollen, dass Sie ihn über der Form wieder abrollen können. Den Teig andrücken, dabei einen Rand formen.

4. Die Birnenviertel längs in Scheiben schneiden und fächerartig in die Form legen. Pinienkerne, RICE KRISPIES® und die Käsemasse darüber geben. Die Tarte im Backofen (Mitte, Umluft 180°) etwa 30 Min. backen.

Zubereitungszeit: etwa 50 Min.
Backzeit: 30 Min.
Bei 4 Personen pro Portion etwa: 750 kcal/3120 KJ

Lauchquiche mit Schafskäse

Zutaten für 1 Springform von 22 cm Ø oder 1/2 Backblech:

TEIG: *200 g Mehl, Salz*
100 g kalte Butter, 1 Ei

BELAG: *300 g Lauch*
1 Knoblauchzehe
50 g durchwachsener Speck
1 EL Öl
Salz, Pfeffer, Muskatnuss
200 g saure Sahne
3 Eier
200 g Schafskäse
40 g ALL-BRAN PLUS®
Fett für die Form
Mehl für die Arbeitsfläche

Tipps

Nicht jeder hat eine kleine Backform im Schrank. Sie können den Teig auch auf 1/2 gefettetes Backblech ausrollen und den inneren Rand aus zusammengelegter Alufolie formen, damit der Belag nicht ausläuft.

Mit dünnen Speckscheiben oben drauf schmeckt die Quiche intensiver.

So wird's gemacht:

1. Für den Teig das Mehl und 1 Prise Salz in einer Schüssel vermengen. Butter in Würfel schneiden und mit dem Ei in die Schüssel geben. Alles zu einem glatten Teig kneten, diesen in Folie einschlagen und 30 Min. kühl stellen.

2. Inzwischen für den Belag den Lauch putzen, längs halbieren, gründlich waschen und in Ringe schneiden. Knoblauch schälen und in Würfel schneiden. Den Speck würfeln. Das Öl in einem Topf erhitzen. Speck und Knoblauch darin anbraten, den Lauch darin andünsten. Mit wenig Salz, Pfeffer und Muskat würzen.

3. Den Backofen auf 180° vorheizen. Saure Sahne und Eier verquirlen und den Käse hineinbröseln. Mit den ALL-BRAN PLUS® zum Lauch geben, diesen dann vom Herd nehmen.

4. Die Form fetten. Den Teig auf einer bemehlten Arbeitsfläche in Größe der Form (siehe Tipps) ausrollen. Teig auf das Nudelholz aufrollen und über der Form wieder abrollen, andrücken, dabei einen Rand formen. Die Lauchmasse einfüllen und die Quiche im Backofen (Mitte, Umluft 160°) etwa 35 Min. backen.

Zubereitungszeit: etwa 45 Min.
Backzeit: 35 Min.
Pro Portion etwa: 385 kcal/1600 KJ

Desserts

Knusperhexen, aufgepasst! Jetzt schwingen sich süße Zaubereien in den Mund und entfalten flockig-locker ihre sagenumwobene Glücksformel auf der Zunge. Mal fruchtig frisch, mal quarkig leicht, mal richtig heiß, mal gut gekühlt – auf alle Fälle immer verführerisch lecker.

Quarknocken

Zutaten für 4–6 Personen:

500 g Magerquark
3 Eier
1 Päckchen Vanillezucker
4–5 EL Mehl
Salz
60 g Hartweizengrieß
Zucker
80 g SPECIAL K®
60 g Butter
Zimtpulver

So wird's gemacht:

1. Den Quark in einem Küchentuch gründlich ausdrücken. Eier und Vanillezucker verquirlen, Quark, Mehl, Salz und Grieß dazugeben und alles vermengen.
2. Einen großen Topf mit Wasser und 2 TL Zucker zum Kochen bringen, dann die Temperatur auf mittlere Hitze schalten. Mit zwei feuchten Löffeln Nocken aus der Quarkmasse formen und in das siedende Wasser geben. Sobald die Nocken an die Wasseroberfläche steigen, sind sie fertig.
3. SPECIAL K® fein mahlen (siehe Tipp Seite 22) und in einer Pfanne mit der Butter etwas anrösten. Die fertigen Quarknocken darin wenden. Zucker mit etwas Zimt mischen. Die Nocken mit dem Zimt-Zucker bestäuben und sofort servieren.

Zubereitungszeit: etwa 40 Min.
Bei 6 Personen pro Portion etwa: 300 kcal/1265 KJ

Tipp

Zu den Quarknocken passt super Pflaumenkompott aus dem Glas oder selbstgemacht (Rezept Seite 36).

Quarkgratin mit Früchten

Zutaten für 4 Personen:

4 Eier
120 g Zucker
180 g Magerquark
1 EL Speisestärke
2 Tropfen Zitronensaft
1 Prise Zimtpulver
Salz
600 g Beeren und Obst
80 g TOPPAS®
Puderzucker zum Bestäuben

So wird's gemacht:

1. Den Backofen auf 180° vorheizen. Die Eier trennen und die Eigelbe mit 80 g Zucker cremig schlagen. Quark, Speisestärke, Zitronensaft, Zimt und 1 Prise Salz hinzufügen und alles verrühren.

2. Beeren und Obst waschen, putzen und gegebenenfalls etwas kleiner schneiden. Mit den TOPPAS® mischen und auf 4 feuerfeste Suppenteller (siehe Tipp) verteilen.

3. Die Eiweiße mit dem restlichen Zucker steif schlagen, vorsichtig unter die Masse heben und auf die Teller mit Obst verteilen. Mit Puderzucker bestäuben und im Backofen (oben, Oberhitze) etwa 8 Min. gratinieren.

Zubereitungszeit: etwa 35 Min.
Pro Portion etwa: 370 kcal/1540 KJ

Tipps

Vier Suppenteller können Sie nur mit Umluft (160°) gleichzeitig überbacken. Andernfalls müssen Sie in zwei Durchgängen arbeiten. Oder füllen Sie das Gratin in eine große flache Auflaufform.

Porzellangeschirr ist ofenfest. Steingut können Sie nicht zum Überbacken verwenden.

Birnengratin

Zutaten für 4 Personen:

4 große Birnen
1–2 EL Zitronensaft
3 Eier
1/2 TL abgeriebene Zitronenschale
1/2 TL Zimtpulver
1 Päckchen Vanillezucker
70 g weiche Butter
100 g ALL-BRAN FLAKES®
1 TL Backpulver
2 EL gemahlene Haselnüsse oder Mandeln
Fett für die Form

So wird's gemacht:

1. Den Backofen auf 180° vorheizen. Eine Auflaufform fetten. Die Birnen waschen, schälen, vierteln und in Scheiben schneiden oder grob würfeln. Mit Zitronensaft beträufeln und gut mischen.

2. Die Eier mit der Zitronenschale, dem Zimt und dem Vanillezucker mit den Quirlen der Küchenmaschine cremig schlagen.

3. Die Butter in Flöckchen, die ALL-BRAN FLAKES®, das Backpulver und die Nüsse unter die Eiermasse mischen. Mit den Birnen in die Auflaufform schichten und im Backofen (Mitte, Umluft 160°) etwa 35 Min. backen.

Zubereitungszeit: etwa 20 Min.
Backzeit: 35 Min.
Pro Portion etwa: 415 kcal/1740 KJ

Schokoladenauflauf

Zutaten für 6 Personen:

100 g CHOCO CORN FLAKES®
40 g Blockschokolade
80 g weiche Butter
80 g Zucker
3 Eier
50 g gehackte Mandeln
25 g Kakaopulver
2 Tropfen Rumaroma (nach Belieben; oder 1 EL Rum)
Salz
Butter und Zucker für die Förmchen

Tipp

Dazu passt Vanillesauce. Dafür von 125 ml Milch 4 EL abnehmen und mit 1 Eigelb und 1 TL Speisestärke verrühren. Die restliche Milch mit 125 g Sahne, 50 g Zucker, 1 Prise Salz und dem ausgekratzten Mark von 1 Vanilleschote und der Schote zum Kochen bringen. Die angerührte Milch dazugießen und nochmal aufkochen. Kühl stellen und die Schote herausnehmen.

So wird's gemacht:

1. Den Backofen auf 180° vorheizen. 6 feuerfeste Förmchen fetten und mit Zucker ausstreuen. Die Fettpfanne des Backofens mit Wasser füllen und in den Ofen (Mitte) schieben.

2. Die CHOCO CORN FLAKES® fein mahlen (siehe Tipp Seite 22). Die Schokolade fein hacken. Die Butter und 40 g Zucker cremig schlagen. Die Eier trennen. Die Eigelbe nach und nach unterrühren. CHOCO CORN FLAKES®, Mandeln, Schokolade, Kakao, eventuell das Rumaroma und 1 Prise Salz dazugeben und alles vermengen.

3. Die Eiweiße mit dem restlichen Zucker steif schlagen und vorsichtig unter den Teig heben.

4. Die Formen zwei Drittel hoch mit der Masse füllen und ins Wasserbad im Backofen stellen. Etwa 25 Min. (Umluft 160°) backen.

Zubereitungszeit: etwa 55 Min.
Pro Portion etwa: 375 kcal/1445 KJ

Tiramisu

Zutaten für 4–6 Personen:

1 unbehandelte Zitrone
5 ganz frische Eigelbe
120 g Zucker
400 g Mascarpone
150 g Sahne
150 g TOPPAS® und TOPPAS CHOCO®
12 cl Amaretto (ersatzweise Espresso)
18 cl Espresso (3 Espressotassen)
Kakaopulver zum Bestäuben

Das blaue Milch- und Zucker-Set, als Ergänzung des blauen Frühstücksgeschirrs gab es anlässlich einer Promotionaktion gratis, wenn man zwei Packungen KELLOGG'S CORN FLAKES kaufte.

So wird's gemacht:

1. Die Zitrone heiß abwaschen, abtrocknen und die Schale fein abreiben. Die Eigelbe mit dem Zucker cremig schlagen und den Mascarpone mit der Zitronenschale nach und nach dazugeben. Die Sahne steif schlagen und unter die Mascarponecreme heben.

2. Den Boden einer flachen Form mit der Hälfte der TOPPAS® und TOPPAS CHOCO® auslegen. Amaretto und Espresso mischen und mit etwa zwei Drittel die TOPPAS® gut tränken. Mit Kakao bestäuben und mit der Hälfte der Creme bedecken. Restliche TOPPAS® mit übrigem Amaretto und Espresso beträufeln und auf der Creme in der Form verteilen. Mit Kakao bestäuben und die restliche Creme darüber füllen.

3. Zum Schluss alles noch einmal mit Kakao bestäuben und mindestens 3 Std. kühl stellen.

Zubereitungszeit: etwa 45 Min.
Kühlzeit: mindestens 3 Std.
Bei 6 Personen pro Portion etwa: 695 kcal/2905 KJ

Tipps

Statt Amaretto und Espresso 300 ml Kakao zum Tränken nehmen. Die TOPPAS® müssen sich auf jeden Fall richtig voll Flüssigkeit saugen.

Weniger Kalorien hat die Creme, wenn Sie nur 200 g Mascarpone nehmen und den mit 200 g Magerquark verrühren. Schmeckt genauso köstlich!

Vanillepudding

Zutaten für 4 Personen:

1 Vanilleschote
1/2 l Milch
2 EL Zucker
1 Päckchen Vanille-Puddingpulver
30 g CHOCO SMACKS®

So wird's gemacht:

1. Die Vanilleschote der Länge nach halbieren und das Mark herausschaben. Leere Schote und Mark mit 450 ml Milch und dem Zucker in einen Topf füllen. Die Milch zum Kochen bringen, dann vom Herd nehmen. Die Schote herausnehmen. Das Puddingpulver mit der restlichen Milch glattrühren. In die Milch rühren und nochmal aufkochen lassen. Jetzt die CHOCO SMACKS® vorsichtig untermengen.

2. Die Masse entweder in eine große Schüssel oder in mehrere Puddingförmchen füllen. (Diese zuvor mit kaltem Wasser ausspülen.) Den Pudding gut 2 Std. kalt stellen.

3. Die Formen zum Stürzen in warmes Wasser tauchen. Die Form schräg auf die Hand schlagen, damit der Pudding sich am Rand löst und dann leichter stürzen lässt. Eventuell den Rand mit einem dünnen scharfen Messer lösen.

Zubereitungszeit: etwa 10 Min.
Kühlzeit: 2 Std.
Pro Portion etwa: 185 kcal/765 KJ

K Tipps

Durch das zweimalige Aufkochen der Milch brennt der Pudding nicht mehr so leicht an.

Festlicher sieht es aus, wenn Sie den flüssigen Pudding in kleine Schalen oder andere Gefäße einfüllen und darin kalt werden lassen.

Honigherzen

Zutaten für 4 Waffeln:

60 g SMACKS®
2 Eier
50 ml Milch
1 El Honig
60 g Butter
120 g Mehl
1 El Zucker
Öl für das Waffeleisen
Puderzucker zum Bestreuen

So wird's gemacht:

1. Die SMACKS® fein zerdrücken oder fein mahlen (siehe Tipp Seite 22). Die Eier trennen. Die Eigelbe mit der Milch verquirlen und mit dem Honig unter die SMACKS® rühren. Etwa 5 Min. quellen lassen. Die Butter schmelzen, dazugießen und das Mehl gut unterrühren.

2. Die Eiweiße mit dem Zucker zu steifem Schnee schlagen und unter den Teig heben.

3. Das Waffeleisen erhitzen und fetten. Nach und nach aus dem Teig die Waffeln backen. Waffeln auf einem Kuchengitter auskühlen lassen. Mit Puderzucker bestreuen und servieren.

Zubereitungszeit: etwa 40 Min.
Pro Waffel etwa: 380 kcal/1590 KJ

Tipp

Servieren Sie Schokoladensauce (Fertigprodukt) dazu; gut passen auch Schlagsahne und Marmelade oder Kompott.

Crêpes mit Ahornsirup

Zutaten für 8 Stück:

100 g FROSTIES®
1 TL Zucker
4 Eier
1/2 l Milch
80 g Mehl
Salz
Butter zum Braten
Puderzucker zum Bestäuben
8 EL Ahornsirup

So wird's gemacht:

1. Die FROSTIES® fein mahlen (siehe Tipp Seite 22). Zucker und Eier verquirlen und die Milch dazugeben. Nun FROSTIES®, Mehl und 1 Prise Salz hinzufügen und alles gut durchschlagen.
2. Den Teig etwa 30 Min. in den Kühlschrank stellen und quellen lassen.
3. In einer (möglichst beschichteten) Pfanne wenig Butter erhitzen. (Pfanne nicht zu heiß werden lassen, sonst verbrennt die Butter.) Jeweils 1 kleine Kelle Teig in die Mitte der heißen Pfanne geben und diese langsam kreisförmig schwenken, so verteilt sich der Teig gleichmäßig dünn in der Pfanne. Crêpes werden nur von einer Seite gebacken. Nacheinander dünne Crêpes ausbacken.
4. Fertige Crêpes im Backofen warm stellen, bis alle fertig gebacken sind. Dann mit Puderzucker bestäuben und mit Ahornsirup servieren.

Zubereitungszeit: etwa 40 Min.
Pro Stück etwa: 240 kcal/975 KJ

Das bringt Schwung hinein: 1975 gab es auf jeder FROSTIES® Packung ein lustiges Daumenkino zum Basteln und Spielen

Kaiserschmarrn

Zutaten für 4 Personen:

4 Eier
1/2 unbehandelte Zitrone
2 EL Zucker
1/4 l Milch
Salz
160 g Mehl
2 EL Butter
60 g OPTIMA FRUIT'N FIBRE®
Puderzucker zum Bestäuben

So wird's gemacht:

1. Die Eier trennen. Die Zitrone heiß abwaschen, abtrocknen und die Schale abreiben. Die Eigelbe mit 1 EL Zucker in einer Schüssel cremig schlagen, dann die Milch unterrühren.

2. Zitronenschale, 1 Prise Salz und Mehl zur Eimasse geben und glattrühren. Die Eiweiße mit dem restlichen Zucker steif schlagen und vorsichtig unter die Masse heben.

3. Eine große Pfanne mit der Butter heiß werden lassen, die OPTIMA FRUIT'N FIBRE® darin bei mittlerer Hitze kurz angehen lassen. Den Teig in die Pfanne geben und von einer Seite goldgelb braten. Jetzt den Kaiserschmarrn mit einem Bratenwender in der Pfanne umdrehen, mit zwei Holzlöffeln zerrupfen und goldgelb zu Ende rösten.

4. Mit Puderzucker bestäuben und servieren.

Zubereitungszeit: etwa 25 Min.
Pro Portion etwa: 385 kcal/1605 KJ

Tipp

Zum Kaiserschmarrn Zwetschgenkompott oder Apfelmus servieren.

Früchte im Schokomantel

Zutaten für 6–8 Spieße:

250 g dunkle Kuvertüre
250 g weiße Kuvertüre
50 g RICE KRISPIES®
50 g CHOCO KRISPIES®
250 g Erdbeeren
2 Bananen
2 Äpfel
6–8 Holzspieße

So wird's gemacht:

1. Weiße und dunkle Kuvertüre getrennt grob zerhacken und jede separat auf einem heißen Wasserbad (oder in der Mikrowelle) schmelzen. KRISPIES® jeweils in einen tiefen Teller schütten.
2. Die Erdbeeren waschen und putzen, eventuell etwas klein schneiden. Die Bananen schälen und in etwa 2 cm dicke Scheiben schneiden. Die Äpfel waschen und trockenreiben. Achteln und dabei die Kerngehäuse herausschneiden.
3. Jetzt die Früchte auf eine Gabel spießen, wahlweise in Kuvertüre tauchen, etwas abtropfen lassen und dann in den KRISPIES® wälzen. Früchte auf einem Teller in den Kühlschrank stellen, bis die Schokolade fest wird.
4. Nun die Früchte abwechselnd auf Holzspieße stecken.

Zubereitungszeit: 20 Min. + Abkühlzeit
Bei 8 Spießen pro Spieß etwa: 410 kcal/1705 KJ

Gebackene Bananen

Zutaten für 4 Personen:

2 Eier
40 g Zucker
125 ml Weißwein (oder Fruchtsaft)
125 g Mehl
Salz
4 Bananen
60 g OPTIMA NUT FEAST®
Mehl zum Bestäuben
200 ml Öl zum Backen
Puderzucker zum Bestäuben
4 TL Honig zum Beträufeln

So wird's gemacht:

1. Die Eier trennen. Die Eiweiße mit dem Zucker steif schlagen. Die Eigelbe mit dem Wein oder Saft und dem Mehl zu einem glatten Teig verrühren. Den Eischnee mit 1 Prise Salz vorsichtig unter den Teig heben.
2. Die Bananen schälen, dritteln, mit etwas Mehl bestäuben und darin wenden. OPTIMA NUT FEAST® in einen tiefen Teller geben. Die Bananen in den Ausbackteig tauchen, etwas abtropfen lassen und in OPTIMA NUT FEAST® wenden. In der Friteuse oder in einem Topf mit heißem Öl schwimmend von beiden Seiten goldgelb backen.
3. Auf Küchenpapier abtropfen lassen und mit Puderzucker bestäuben. Auf Teller verteilen und mit dem Honig beträufeln.

Zubereitungszeit: etwa 20 Min.
Pro Portion etwa: 400 kcal/1670 KJ

Variante:

Wer kein Bananenfan ist, kann auch andere Früchte verwenden. So könnte man Apfelringe backen und diese mit etwas Zimt bestäuben. Oder frische Ananas in Scheiben ausbacken und diese mit etwas Kokosflocken bestäuben.

Eis mit Erdbeeren

Zutaten für 4 Personen:

500 g Erdbeeren
1 Päckchen Vanillezucker
Vanilleeis (4–12 Kugeln, je nach Größe und Geschmack)
6 EL CHOCO KRISPIES®
Schoko Dekor, Minzeblättchen und
4 Erdbeeren zum Dekorieren

So wird's gemacht:

1. Die Erdbeeren waschen, die grünen Stengel herausschneiden und die Beeren halbieren. 100 g Beeren mit dem Vanillezucker im Mixaufsatz der Küchenmaschine pürieren. Oder in einer hohen Rührschüssel mit dem Pürierstab.
2. Die Erdbeeren und das Eis in Eisschalen verteilen. Die Erdbeersauce darüber gießen. CHOCO KRISPIES® darüber streuen. Mit Schoko Dekor, Minze und je 1 Erdbeere garnieren.

Zubereitungszeit: etwa 10 Min.
Pro Portion etwa: 230 kcal/945 KJ

Variante: Bananensplit

Bananensplit geht genauso leicht: 4 Bananen schälen und der Länge nach halbieren. Auf längliche Schalen oder Teller legen. Schokoladensauce aus der Flasche darüber gießen. Pro Portion 2 Kugeln Vanille- oder Schokoladeneis und Schlagsahne zwischen die Bananen setzen. Je 1 EL Schokostreusel und CHOCO KRISPIES® darüber streuen.

Backknuspereien

Auf geht's an die Teigschüssel und den Backofen! Ob für den Weihnachtsmann, den sonntäglichen Kaffeeklatsch, das Geburtstagskind oder einfach den Zwischendurch-Knusperer – hier finden sich kleine und große Back-Leckereien für jeden Anlass.

Bananenkuchen

Zutaten für 1 Kastenform von 30 cm Länge:

150 g weiche Butter
150 g Zucker
1 Päckchen Vanillezucker
3 Eier
3 reife Bananen
250 g Quark (Magerstufe)
200 g Mehl
1 Päckchen Backpulver
100 g ALL-BRAN PLUS®
Butter und Mehl für die Form

So wird's gemacht:

1. Den Backofen auf 200° vorheizen. Die Form fetten und mit Mehl bestäuben. Die Butter, den Zucker und den Vanillezucker rühren, bis die Masse weiß-cremig ist. Die Eier einzeln unterrühren. (Immer erst wieder ein Ei zugeben, wenn das vorige völlig untergemischt ist.)
2. Die Hälfte der Bananen mit einer Gabel zerdrücken, mit dem Quark vermengen und unter die Teigmasse rühren. Die restlichen Bananen in dünne Scheiben schneiden. Das Mehl sieben, mit dem Backpulver mischen und in den Teig rühren. Bananenscheiben und ALL-BRAN PLUS® unterheben.
3. Den Teig in die Form füllen und im Backofen (Mitte, Umluft 180°) etwa 50 Min. backen. Mit Schlagsahne servieren.

Zubereitungszeit: 35 Min.
Backzeit: 50 Min.
Bei 12 Stück pro Stück etwa: 295 kcal/1650 KJ

K Tipp

Rosinen passen noch gut in den Kuchen. 2 EL zusammen mit dem Quark unter den Teig geben.

Biskuitrolle mit Erdbeeren

Zutaten für 8 Stück:

Teig: *50 g SPECIAL K®*
80 g Mehl
1 TL Backpulver
Salz
4 Eier, 150 g Zucker
Backpapier für das Blech
Zucker zum Arbeiten

Belag: *200 g Erdbeeren*
100 g Zucker
3–4 EL Zitronensaft
6 Blatt Gelatine
200 g Sahne
1 Päckchen Vanillezucker
Puderzucker

So wird's gemacht:

1. Backofen auf 180° vorheizen. Backblech mit Backpapier auslegen. Für den Teig SPECIAL K® fein mahlen (siehe Seite 22). Mit Mehl, Backpulver und 1 Prise Salz vermengen. Eier trennen. Eiweiße mit 4 EL kaltem Wasser steif schlagen, Zucker einrieseln lassen. Eigelbe unterziehen. Mehlmischung darüber sieben und vorsichtig unterheben. Den Teig auf das Blech füllen. Im Backofen (Mitte, Umluft 160°) 20–25 Min. backen. Auf ein mit Zucker bestreutes Küchentuch stürzen und das Backpapier abziehen.

2. Für den Belag Erdbeeren waschen und entkelchen. Zwei Drittel der Beeren mit Zucker und Zitronensaft pürieren. Restliche Beeren kleinschneiden. Gelatine in kaltem Wasser einweichen. Sahne mit Vanillezucker steif schlagen. Gelatine aus dem Wasser nehmen und in einem Topf bei mittlerer Hitze auflösen, mit Erdbeerpüree und Beerenstückchen verrühren. Sahne vorsichtig unterheben. Erdbeermasse kühl stellen und etwas anziehen lassen.

3. Den Boden mit Erdbeercreme bestreichen und mit Hilfe des Küchentuches einrollen. Mindestens 2 Std. kühl stellen. Mit Puderzucker bestreuen.

Zubereitungszeit: etwa 1 1/2 Std.
Kühlzeit: 2 Std.
Bei 10 Stück pro Stück etwa: 330 kcal/1380 KJ

Apple Pie

Zutaten für 1 Springform von 22 cm Ø:

Für den Teig:

200 g kalte Butter
250 g Mehl
Salz

Für den Belag:

1 kg Äpfel
1–2 EL Zitronensaft
60 g Zucker
Muskatnuss
80 g FROSTIES SPICE®
40 g Butter
Mehl für die Arbeitsfläche
1 Eigelb zum Bestreichen
Butter und Mehl für die Form

So wird's gemacht:

1. Für den Teig die Butter in Würfel schneiden. Mit dem Mehl, 60 ml kaltem Wasser und 1 Prise Salz in einer Schüssel zu einem glatten Teig verarbeiten. In Folie einschlagen und etwa 1 Std. kühl stellen.

2. Inzwischen den Backofen auf 200° vorheizen. Die Form fetten und mit Mehl ausstäuben. Die Äpfel schälen, vierteln, entkernen und in Scheiben schneiden. In einer Schüssel mit dem Zitronensaft beträufeln. Zucker, Zimt, 1 Prise Muskat und FROSTIES SPICE® untermischen.

3. Den Teig halbieren. Jede Hälfte auf der bemehlten Arbeitsfläche etwas größer als die Form ausrollen. 1 Teigplatte in die Form legen, dabei einen Rand formen. Die Äpfel einfüllen und etwas andrücken. Die Butter in Stückchen darüber verteilen und die zweite Teigplatte auflegen. Mit einem Kochlöffel und zwei Fingern den Rand andrücken bzw. verschließen. Dabei entsteht ein Wellenmuster. Mit einer Gabel mehrere Male in den Deckel stechen und mit dem Eigelb bestreichen.

4. Den Pie im Backofen (Mitte, Umluft 180°) etwa 40 Min. backen.

Kühlzeit: 45 Min., Zubereitungszeit: etwa 30 Min.
Backzeit: 40 Min.
Bei 8 Stück pro Stück etwa: 490 kcal/2030 KJ

Tipps

Wenn Sie FROSTIES® ohne Zimtgeschmack verwenden, geben Sie noch 1 TL Zimtpulver zu den Äpfeln.

Schmeckt supertoll frisch aus dem Ofen mit einer Kugel Vanilleeis.

Zitronentorte

Zutaten für 1 Springform von 26 cm Ø:

150 g CORN FLAKES
2 Dosen Mandarinen (á 314 g)
100 g Halbbitterschokolade
100 g Vollmilchschokolade
9 Blatt Gelatine
500 g Quark
100 g Zucker
500 g Jogurt
3–4 EL Zitronensaft
80 g FROOT LOOPS®
Backpapier für die Form

So wird's gemacht:

1. Die CORN FLAKES in einem Küchentuch zerbröseln. Die Mandarinen abtropfen lassen. Den Boden der Form mit Backpapier auslegen. Die Schokolade grob schneiden und auf dem heißen Wasserbad (siehe Tipp Seite 83) schmelzen. Die CORN FLAKES dazugeben und die Masse in die Form füllen. Etwas andrücken und in den Kühlschrank stellen, bis die Schokolade fest ist.
2. Die Gelatine in kaltem Wasser einweichen. Quark, Zucker und Jogurt miteinander verrühren. Gelatine ausdrücken und mit dem Zitronensaft in einem Topf erhitzen, bis sie sich auflöst. Unter den Quark rühren und die Hälfte der Masse in die Form füllen. Nun die Mandarinen darüber verteilen und den restlichen Quark darauf geben. Etwa 3 Std. kalt stellen.
3. Den Kuchen aus der Form und vom Backpapier lösen. FROOT LOOPS® an den Rand und auf die Torte setzen.

Zubereitungszeit: etwa 25 Min.
Kühlzeit: 3 Std.
Bei 12 Stück pro Stück etwa: 285 kcal/1190 KJ

K Tipp

Die Torte eventuell noch mit Minzeblättchen und Beeren garnieren.

Crunchy-Ecken

Zutaten für 1 Backblech:

80 g entkernte Datteln
150 g Butter
3 EL Honig
1 unbehandelte Orange
1 unbehandelte Zitrone
200 g CRUNCHY NUT®
2 Eier
50 g Pistazienkerne
50 g gehackte Mandeln
50 g Speisestärke
80 g Mehl
200 g Kuvertüre (nach Geschmack)
Backpapier für das Blech

So wird's gemacht:

1. Den Backofen auf 180° vorheizen. Das Backblech zur Hälfte mit Backpapier auslegen. Die Datteln in kleine Würfel schneiden. Die Butter im Topf schmelzen und den Honig dazugeben. Orange und Zitrone heiß abwaschen, abtrocknen und die Schale fein abreiben. Die Orange auspressen. Die CRUNCHY NUT® fein mahlen (siehe Tipp Seite 22).

2. Butter, Eier und Orangensaft mit den Zitrusschalen verrühren. Datteln, Pistazienkerne, Mandeln, CRUNCHY NUT®, Speisestärke und Mehl mischen, auf die Eiermasse geben und alles verrühren. Den Teig etwa 10 Min. quellen lassen.

3. Den Teig auf das Backpapier auf dem Blech geben und verstreichen. Im Backofen (Mitte, Umluft 160°) etwa 25 Min. backen. Dann etwas abkühlen lassen, in kleine Quadrate und diese in Dreiecke schneiden. Kühl stellen.

4. Die Kuvertüre grob zerkleinern und in einer Schüssel in heißem Wasserbad (siehe Tipp Seite 83) schmelzen. Entweder feine Schoko-Streifen auf die Ecken spritzen (siehe Tipp) oder die Crunchy-Ecken zur Hälfte in die Kuvertüre tauchen. Auf ein Kuchengitter legen, bis die Schokolade fest ist.

Zubereitungszeit: etwa 1 1/2 Std.
Bei 40 Stück pro Stück etwa: 115 kcal/470 KJ

Tipp

Zum Aufspritzen die Kuvertüre in einen kleinen Gefrierbeutel füllen. Ganz wenig von einer Tütenecke abschneiden und aus der Spitze Kuvertüre auf die Ecken spritzen.

Minimimuffins

Zutaten für 24 Stück:

280 g Mehl
3 TL Backpulver
80 g SMACKS®
60 g Rosinen
80 ml Rapsöl oder Butter
130 g Zucker
1 Päckchen Vanillezucker, 2 Eier
3 Tropfen Zitronenaroma
250 g saure Sahne oder 1/4 l Milch
Mini-Muffinform oder Papier- bzw. Metall-Backförmchen
Mehl und Butter für die Form
100 g Puderzucker
3 EL Zitronensaft
FROOT LOOPS® zum Dekorieren

Tipps

In eine Mini-Muffinform passen 12 oder 24 Muffins. So müssen Sie eventuell die Muffins in 2 Durchgängen backen. Oder Sie stellen zusätzlich je 2 Papierförmchen ineinander, füllen diese mit Teig und stellen sie zusammen mit der Muffinform aufs Blech in den Backofen.

So wird's gemacht:

1. Den Backofen auf 180° vorheizen. Die Muffinform fetten und mit Mehl ausstäuben. Oder je 2 Förmchen ineinander und auf ein Backblech stellen. Mehl, Backpulver, SMACKS® und Rosinen miteinander vermischen. Das Öl oder die Butter mit Zucker und Vanillezucker cremig schlagen. Die Eier nach und nach hinzufügen. Jetzt Zitronenaroma und die saure Sahne unterarbeiten. Alle Zutaten zu einem glatten Teig verrühren.
2. Den Teig etwa zwei Drittel hoch in die Mulden der Form oder die Papier-Backförmchen füllen.
3. Die Muffins im Backofen (Mitte, Umluft 160°) etwa 18 Min. backen und danach etwas abkühlen lassen.
4. Für die Glasur Puderzucker und Zitronensaft miteinander verrühren. Etwa 1 TL voll auf die Muffins streichen und mit den FROOT LOOPS® dekorieren.

Zubereitungszeit: etwa 45 Min.
Pro Stück etwa: 140 kcal/595 KJ

Heidelbeermuffins

Zutaten für 12–15 Stück:

1 Ei
150 g Zucker
1 Päckchen Vanillezucker
Salz
8 EL Öl
150 g saure Sahne
250 g Mehl
3 TL Backpulver
200 g Heidelbeeren (frisch oder tiefgekühlt)
80 g CHOCO KRISPIES®
Fett und Mehl für die Muffinform oder 24–30 Papierbackförmchen

So wird's gemacht:

1. Den Backofen auf 180° vorheizen. Die Muffinform fetten und bemehlen oder je 2 Papierförmchen ineinander setzen und auf ein Backblech stellen. Ei, Zucker, Vanillezucker, Salz, Öl und saure Sahne in einer großen Schüssel vermengen.
2. Mehl und Backpulver vermischen.
3. Heidelbeeren (tiefgekühlte nicht auftauen!), CHOCO KRISPIES® und Mehl zu der Eimasse geben und mit einem Kochlöffel vorsichtig vermengen.
4. Die Masse in die Mulden der Muffinform oder die Papierförmchen füllen. Im Backofen (Mitte, Umluft 160°) gute 20 Min. backen.

Zubereitungszeit: etwa 40 Min.
Bei 15 Stück pro Stück etwa: 195 kcal/810 KJ

Tipp

Wenn noch Teig übrig bleibt, diesen in je 2 ineinander gesetzte Papierförmchen füllen und mitbacken.

CORN FLAKES Muffins

Zutaten für 12 Stück:

75 g CORN FLAKES
1 unbehandelte Zitrone
80 g getrocknete Aprikosen
2 EL Rosinen
70 g Butter
1 Ei
4 EL Zucker
200 ml Buttermilch oder Milch
250 g Mehl
2 TL Backpulver
2 EL Aprikosenkonfitüre
Fett und Mehl für die Muffinform oder
24 Papierbackförmchen

So wird's gemacht:

1. Den Backofen auf 200° vorheizen. Die Muffinform fetten und bemehlen oder je 2 Papierförmchen ineinander setzen und auf ein Backblech stellen. 50 g CORN FLAKES in einem Küchentuch grob zerstoßen. Die Zitrone heiß waschen, abtrocknen und die Schale fein abreiben. Die Aprikosen in kleine Würfel schneiden und mit den Rosinen vermengen. Die Butter schmelzen.

2. Ei mit Zucker cremig schlagen. Rosinen, Aprikosen, CORN FLAKES-Brösel und Zitronenschale unterrühren, dann Buttermilch und die flüssige Butter.

3. Mehl und Backpulver in einer Schüssel mischen. Die Buttermilchmasse dazugießen und mit einem Kochlöffel unterheben.

4. Den Teig etwa zwei Drittel hoch in die Mulden der Form oder die Papierförmchen füllen und im Backofen (Mitte, Umluft 180°) in etwa 20 Min. goldbraun backen. Auf einem Kuchengitter etwas auskühlen lassen.

5. Die Aprikosenkonfitüre mit etwa 2 EL Wasser in einem Topf erhitzen, bis sie flüssig ist. Die Muffins mit der Konfitüre bestreichen. Restliche CORN FLAKES darüber streuen und andrücken.

Zubereitungszeit: etwa 45 Min.
Pro Stück etwa: 215 kcal/900 KJ

Cookies

Zutaten für etwa 30 Stück:

200 g JUST RIGHT®
100 g Butter
2 Eier
80 g Zucker
1 Päckchen Vanillezucker
2 EL Mehl
1 Msp. Backpulver
Salz
Backpapier für das Blech

So wird's gemacht:

1. Den Backofen auf 170° vorheizen. 2 Backbleche mit Backpapier auslegen. Ein Drittel der JUST RIGHT® zerstoßen (siehe Tipp Seite 22) und mit dem Rest in eine große Schüssel geben. Die Butter schmelzen und über die JUST RIGHT® gießen. Die Eier mit dem Zucker und Vanillezucker verquirlen und dazugeben. Mehl, Backpulver und 1 Prise Salz hinzufügen und alles gut vermengen. Die Masse etwa 30 Min. durchziehen lassen.

2. Nun mit einem feuchten Löffel kleine Häufchen abnehmen und mit genügend Abstand auf die Backbleche setzen. Die Cookies nacheinander im Backofen (Mitte, Umluft 150°) in etwa 15 Min. goldgelb backen.

Zubereitungszeit: etwa 45 Min.
Ruhezeit: 30 Min.
Pro Stück etwa: 70 kcal/285 KJ

Tipps

Im Umluftherd können Sie beide Bleche gleichzeitig backen.

Die Cookies in einer Dose aufbewahren und zu Kaffee oder Tee servieren.

Crispies

Zutaten für etwa 30 Stück:

200 g weiße Kuvertüre
75 g SMACKS®
50 g Kokosflocken
30 Mini-Papierbackförmchen

So wird's gemacht:

1. Die Kuvertüre grob hacken und in einer Schüssel auf einem heißen Wasserbad (siehe Tipp Seite 83) unter ständigem Rühren schmelzen. SMACKS® und Kokosflocken unter die Schokolade mischen.

2. Die Papierförmchen auf Tellern bereitstellen. Zwei Esslöffel zur Hand nehmen. Mit dem einen etwas von der Masse aus der Schüssel nehmen und mit dem anderen die Masse in die Förmchen streifen.

3. Die Crispies an einen kühlen Ort stellen, damit die Schokolade fest wird.

Zubereitungszeit: etwa 25 Min. + Kühlzeit
Pro Stück etwa: 55 kcal/225 KJ

Tipps für Kids

Die SMACKS® Masse in die Förmchen zu bringen, ist ein bisschen fummelig. Einfacher ist es so: Nur die Kokosflocken in die Schokolade rühren. SMACKS® in die Papierförmchen streuen, Schoko darauf gießen und ins Kühle damit.

Oder die Häufchen auf ein Backblech setzen, das vorher mit Backpapier ausgelegt wurde.

SMACKS Plätzchen

Zutaten für 36 Stück:

TEIG: *1 unbehandelte Zitrone*
250 g Mehl
75 g Zucker
Salz
150 g kalte Butter oder Margarine
1 Eigelb
Mehl für die Arbeitsfläche

STREUSEL: *100 g Mehl*
75 g Zucker
1/2 TL Zimtpulver
75 g Butter oder Margarine
50 g SMACKS®
Backpapier für das Backblech
Ausstechformen (Herz, Stern, Hase …)

SO WIRD'S GEMACHT:

1. Die Zitrone heiß waschen, abtrocknen und die Schale fein abreiben. Mit Mehl, Zucker und 1 Prise Salz in eine Schüssel geben. Butter in Würfel schneiden und mit dem Eigelb dazugeben. Alles zu einem geschmeidigen Teig verkneten. 1 Std. im Kühlschrank ruhen lassen.
2. Den Teig auf einer bemehlten Arbeitsfläche etwa 1/2 cm dick ausrollen. Den Backofen auf 175° vorheizen, ein Backblech mit Backpapier auslegen. Plätzchen ausstechen und auf das Blech legen.
3. Für die Streusel Mehl, Zucker und Zimt in einer Schüssel verrühren. Die Butter oder Margarine schmelzen, dazugießen und alles mit einer Gabel zu feinen Streuseln verarbeiten. SMACKS® dazugeben und die Streusel auf den Plätzchen verteilen.
4. Die Plätzchen im Backofen (Mitte, Umluft 160°) in 10–15 Min. goldbraun backen.

Zubereitungszeit: etwa 1 Std.
Kühlzeit: 1 Std.
Pro Stück etwa: 105 kcal/435 KJ

Es grünt so grün: 1975 fanden kleine und große Frosch-Fans das lustige Bügelbild von Smack, dem Frosch

Schoko-Crossies

Zutaten für 60 Stück:

100 g Mandelstifte
1 EL Zucker
80 g CORN FLAKES
300 g Kuvertüre (z. B. je 150 g Vollmilch und Halbbitter)
Backpapier

Tipps für Kids

Ein Wasserbad funktioniert so: Man braucht einen Topf und eine Schüssel oder kleineren Topf, der in den ersten Topf passt. Im größeren Topf Wasser erhitzen und das zweite Gefäß mit der Kuvertüre hineinstellen. Gut aufpassen, dass das Wasser nicht zu stark kocht und in die Schokolade spritzt, dann wird sie klumpig.

So wird's gemacht:

1. Mandelstifte in einer trockenen Pfanne ohne Fett bei mittlerer Hitze goldgelb rösten. Die Mandeln dabei immer wieder wenden und gut aufpassen, dass sie nicht anbrennen. Die Pfanne vom Herd nehmen, den Zucker dazurühren, bis der Zucker sich auflöst. Die Mandeln zusammen mit den CORN FLAKES in einer Schüssel vermengen.
2. Die Kuvertüre grob hacken, in eine Schüssel geben und in einem heißen Wasserbad (siehe Tipp) unter ständigem Rühren schmelzen. Die CORN FLAKES Mischung dazugeben und gut untermischen.
3. Ein Stück Backpapier auf einem Backblech ausbreiten und zwei Gabeln zur Hand nehmen. Mit der einen etwas von der Masse aus der Schüssel nehmen und mit der anderen diese Masse als Häufchen auf das Papier abstreifen.
4. Oder die Häufchen in Papier-Backförmchen setzen. Die Crossies an einen kühlen Ort stellen, damit die Schokolade fest wird.

Zubereitungszeit: etwa 30 Min.
Pro Stück etwa: 105 kcal/460 KJ

Die KELLOGG'S Stars

Tony, der Tiger, ist ein wahres Kraftpaket und der Superstar der KELLOGG'S Figuren! Seit 1953 meistert er sportlich durchtrainiert und immer voller Optimismus auch die schwierigsten Situationen. Sein Erfolg kommt nicht zuletzt durch die grrroßartigen KELLOGG'S FROSTIES®, deren »Geheimformel« nur er kennt.

KELLOGG'S FROSTIES®: die wecken den Tiger in dir!

Smacks, der lustige Frosch, ist die Neugierde in Person. Er liebt jede Menge Action und begibt sich mit den Kindern stets auf die Suche nach neuen Herausforderungen. Nach seinen KELLOGG'S SMACKS® ist er total verrückt.

KELLOGG'S SMACKS®: einfach smackstastisch!

Chocos, der freundliche Bär, ist kleinen und großen Kindern ein treuer Freund. Er liebt die Gemütlichkeit und schlendert gelassen durch die Welt: Chocos lässt sich durch nichts aus der Ruhe bringen und genießt die bärig knusprigen KELLOGG'S CHOCOS®.

KELLOGG'S CHOCOS®: bärig knusprig!

Coco, der freche Affe, schwingt sich munter von Ast zu Ast, immer auf der Suche nach neuen Möglichkeiten, jede Menge Spaß zu haben. Zusammen mit seiner Gang steht Coco zahlreiche Abenteuer durch. Die Melodie seines Liedes ist vielen bekannt, denn am Ende verkündet Coco:

»Am allerallerliebsten ess ich CHOCO KRISPIES®«.

Chombo ist ein großer, brauner und sympathischer Elefant. Er steht für den riesigen Schokoladengeschmack von KELLOGG'S CHOMBOS®.

Sam, der bunte Tukan, ist genauso bunt und tropisch wie KELLOGG'S FROOT LOOPS®. Er liebt die Gesellschaft anderer und fliegt immer der Nase nach von einem Genuss zum nächsten.

Vom Maiskorn zu KELLOGG'S CORN FLAKES

Das Maiskorn wird zunächst aufgebrochen und von seinem ölhaltigen Keim befreit. Dies ist wichtig, damit das Produkt nicht ranzig wird. Das so zerkleinerte Maiskorn nennt man »Grit«, es wird nun gekocht und mit weiteren Geschmackskomponenten und Vitaminen angereichert. Anschließend werden die Grits vorgetrocknet, gewalzt und schließlich in Heißluftöfen geröstet. Beim Abkühlen werden noch einmal einige weniger hitzebeständige Vitamine auf die Flakes aufgesprüht.

Aufgepuffte Körner wie z. B. KELLOGG'S SMACKS®, erhält man, indem man zunächst die Spelzen vom Hartweizen trennt, ohne die darunter liegenden vitamin- und nährstoffreichen Schichten zu verletzen. Danach wird das Korn unter Druck erhitzt. Beim anschließenden Expansionsvorgang pufft der Weizen auf. Noch ein paar Vitamine und ein Überzug aus Zucker, Honig oder auch Schokolade dazu – fertig sind die SMACKS®.

Um Weizenprodukte in **Kissenform** wie KELLOGG'S TOPPAS® zu produzieren, muss man zunächst die Weizenkleie schroten, kochen und brechen. So entstehen die typischen kleinen Fasern, die wiederum zu einer Art Teppich gewalzt, mehrfach übereinander gelegt und in Kissen geschnitten werden. Bei KELLOG'S TOPPAS CHOCO® und KELLOG'S TOPPAS TRAUBE® kommt zusätzlich noch eine Füllung hinein. Dann werden die Kissen geröstet und glasiert.

Ringe wie KELLOGG'S FROOT LOOPS® kann man aus Getreidemehlen in sogenannten Extrudern herstellen. Die Getreidemischung wird zunächst gekocht und dann bei hohem Druck und hohen Temperaturen entsprechend in Form extrudiert (= herausgepresst). Wie immer wird noch geröstet, was später schön knackig aus der Schachtel purzeln soll – und bei Bedarf kommt auch noch ein leckerer Überzug drüber.

Vor der Ernte reift der Mais mehr als 140 Tage unter der Sonne.

Große Lagersilos nehmen das Getreide bis zur Weiterverarbeitung auf.

Beim Aufschließen der Körner zu »Grits« entsteht das erste Zwischenprodukt.

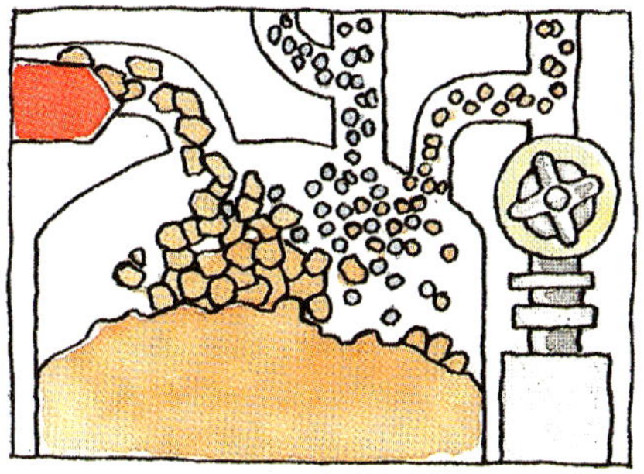

Zum Getreide kommen natürliche Geschmacksstoffe, Salz, Malz und Zucker.

Die Mischung wird unter Dampfdruck schonend gegart.

Beim Trocknen wird die Feuchtigkeit auf das gewünschte Maß reduziert.

Walzen formen aus den »Grits« die typischen Flocken.

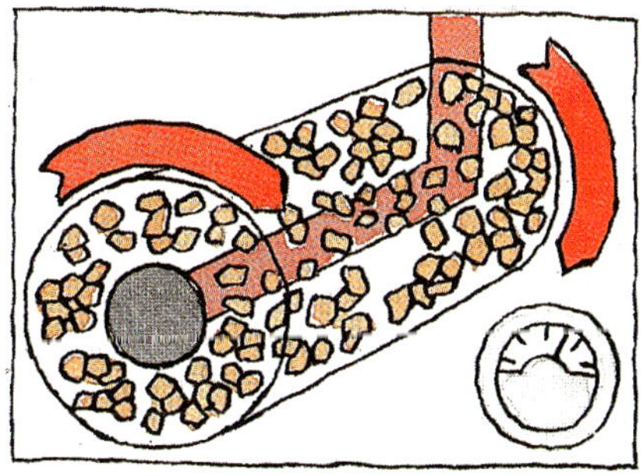

Unter Heißluft werden die Flocken schonend getrocknet.

Zahlreiche Gütekontrollen garantieren den hohen Qualitätsstandard.

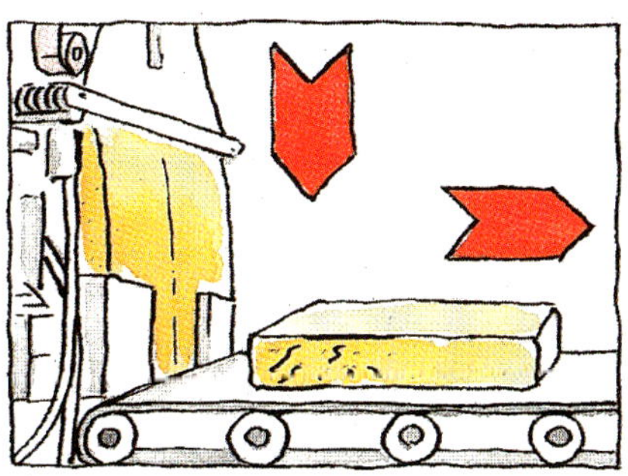

Das Produkt wird röstfrisch abgefüllt und aromaversiegelt.

In schützenden Faltschachteln gelangen die Corn Flakes zum Lebensmittelhändler.

Frisch auf den Tisch: KELLOGG'S CORN FLAKES – der knusprige Frühstücksgenuss!

Korn für Korn

Cerealien ist der Sammelbegriff für Frühstücksflocken aller Art. Der Name kommt von Ceres, der römischen Göttin des Ackerbaus. Man unterscheidet traditionelle Cerealien wie Corn Flakes von Müslis. Und ganz streng genommen müsste man Standardgetreideprodukte wie Mehl und Reis auch zu den Cerealien zählen.

Vor über 10.000 Jahren begannen die Menschen, bestimmte Getreidesorten auszusäen, zu schützen und zu pflegen, zu ernten und zu essen, da sie ihre Früchte, die Samenkörner, als wichtige Nahrungsquelle erkannt hatten. Noch heute liefert Getreide mehr als die Hälfte aller Nahrungsenergie der Welt.

Das steckt im Getreide

Jedes Getreidekorn ist von einer Frucht- und Samenschale umgeben, die es vor äußeren Verletzungen durch Unwetter oder Schädlinge besser schützen. Das Innere des Korns besteht größtenteils aus dem sogenannten Mehlkörper, der als kohlenhydratreiche Nahrungsreserve für das Samenkorn dient. Darüber hinaus steckt im Korn ein Keimling, der reich an wertvollen Fettsäuren und Vitaminen ist. Ein Getreidekorn enthält:

- **Kohlenhydrate:** Sie machen 60–80 Prozent des Samenkorns aus, was Getreide und Cerealien nach den Empfehlungen der Fachleute für eine ausgewogene Ernährung so wertvoll macht.
- **Ballaststoffe** sind in den das Samenkorn umgebenden Hüllen enthalten und haben eine verdauungsfördernde Wirkung.
- **Protein** (Eiweiß): vertreten sind fast alle Aminosäuren – die Baustoffe des Eiweiß – bis auf Lysin.
- **B-Vitamine:** Sie sind v. a. in der Aleuronschicht, einem Teil der Samenschale, sowie im Keimling enthalten.
- **Mineralstoffe:** Eisen, Phosphor, Kalium, Calcium, Magnesium und Zink. Wie auch die Vitamine konzentrieren sie sich in der Aleuronschicht.
- **Fett** ist in Getreide nur in geringen Mengen enthalten, dafür setzt es sich aber zu einem großen Teil aus wertvollen ungesättigten Fettsäuren zusammen.

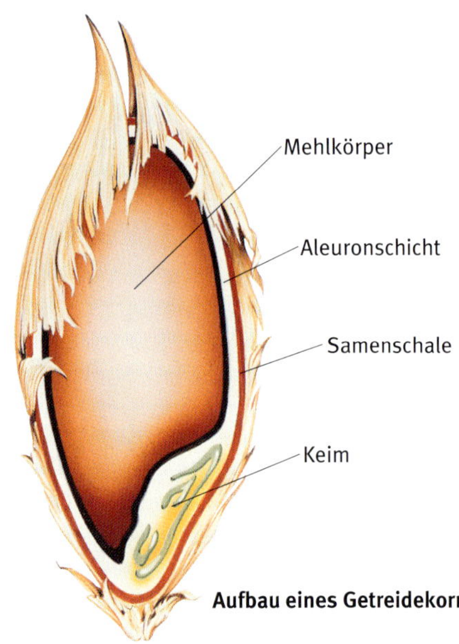

Aufbau eines Getreidekorns

Getreidearten

Mais kommt ursprünglich aus Mittelamerika. Dort wurde er bereits zu Zeiten der Hochkultur der Maya, also vor etwa 8.000 Jahren, angebaut und verzehrt. Sie nannten ihn »zea mahiz« – »der die Maya nährt«. Ende des 15. Jahrhunderts brachten ihn Seefahrer von ihren Expeditionsreisen mit nach Spanien, wo sie ihn zunächst in Gärten anbauten und schließlich ab dem 17. Jahrhundert endgültig kultivierten. Mais ist übrigens bis heute auch unter dem Namen »türkischer Weizen« bekannt.

Weizen wird heute in über 10.000 Sorten weltweit fast überall angebaut – beinahe 30 Prozent der weltweiten Getreideproduktion entfallen auf das vielfältige Getreide.

Dinkel ist eine alte, etwas in Vergessenheit geratene Sorte des Weizens und erlebt seit einiger Zeit sein Revival.

Roggen ist eine sehr robuste Getreideart und wurde deshalb zu Unrecht auch als »Unkraut des Weizens« bezeichnet. Er gedeiht auch auf den kargen Böden und im rauen Klima nordischer Länder, so z. B. sogar in Sibirien, wo er von den Bauern »schwarzer Weizen« genannt wird. Auf dem Feld kann man ihn gut vom Weizen unterscheiden, da lange »Haare« (Grannen) seine Ähre schmücken.

Gerste ist eine enge Verwandte von Weizen und Roggen und wird meist beim Brauen von Bier als Grundlage für Malz verwendet. Als Malz liefert Gerste den Grundstock für den guten Geschmack vieler Cerealien.

Hafer ist ein eher unscheinbares Rispengewächs. Er spielt nicht nur in England am Frühstückstisch eine wesentliche Rolle in Form des Haferbreis.

Reis gedeiht als echtes Sumpfgewächs in feuchten Feldern und unter moderaten Temperaturen. Der Reisanbau wurde erstmals ca. 3.500 v. Chr. in Thailand dokumentiert, noch heute ist Reis in Asien Hauptnahrungsmittel und Begleiter beinahe jeder Mahlzeit. Erst etwa 1.500 Jahre n. Chr. führten die Italiener den Anbau ihres »riso« ein, der dann schließlich auch in Mitteleuropa bekannt wurde.

Ausgewogene Ernährung

Experten aus aller Welt benutzen immer wieder ein Symbol, wenn sie die Grundlagen einer sinnvollen und ausgewogenen Ernährung darstellen wollen: Die Ernährungspyramide, wie Sie sie auf Seite 93 finden.

Getreide und Cerealien

Die Basis unserer täglichen Ernährung (also ca. 40 Prozent) sollte aus Getreideprodukten bestehen. Viel Abwechslung garantiert hier die schier unendliche Auswahl an Brotsorten, Nudeln, Reis, Kartoffeln und eben Cerealien.

Obst und Gemüse

In der nächsten Stufe finden sich reichlich Gemüse, Kartoffeln und Salat sowie Obst. Insgesamt sollte ihr Anteil täglich bei 20 Prozent (etwa 4 große Portionen), im Falle von Obst bei 15 Prozent liegen (das entspricht etwa drei Stück Obst pro Tag). Insgesamt sollten Sie 5 Handvoll Obst oder Gemüse täglich verzehren.

Milch und Milchprodukte

Hieran sollte man nicht sparen, allerdings empfiehlt es sich, den fettarmen Varianten den Vorzug zu geben (10–15 Prozent der täglichen Nahrungszufuhr).

Fleisch, Fisch, Wurst und Eier

Auf der gleichen Ebene finden wir Fleisch, Geflügel (also Hühnchen und Pute), Wurst, Fisch (v. a. Seefisch wegen der Jodversorgung) und Eier – hier genügen zwei bis drei Portionen à 150 g pro Woche (insgesamt 5–10 Prozent).

Süßes und Fette

Ganz on top und deshalb nur in Maßen zu genießen sind Süßes, Fette und Öle, die nur 5 Prozent unserer Nahrungsmittel ausmachen sollten.

Und zusätzlich gilt: Trinken, trinken, trinken – am besten Wasser und ungesüßte und nicht alkoholische Getränke, also Fruchtsaftschorlen oder Früchte- und Kräutertees. Koffeinhaltiges wie Kaffee zählt nicht zu den ca. 1 1/2 bis 2 Litern Flüssigkeit, die wir pro Tag zu uns nehmen sollten.

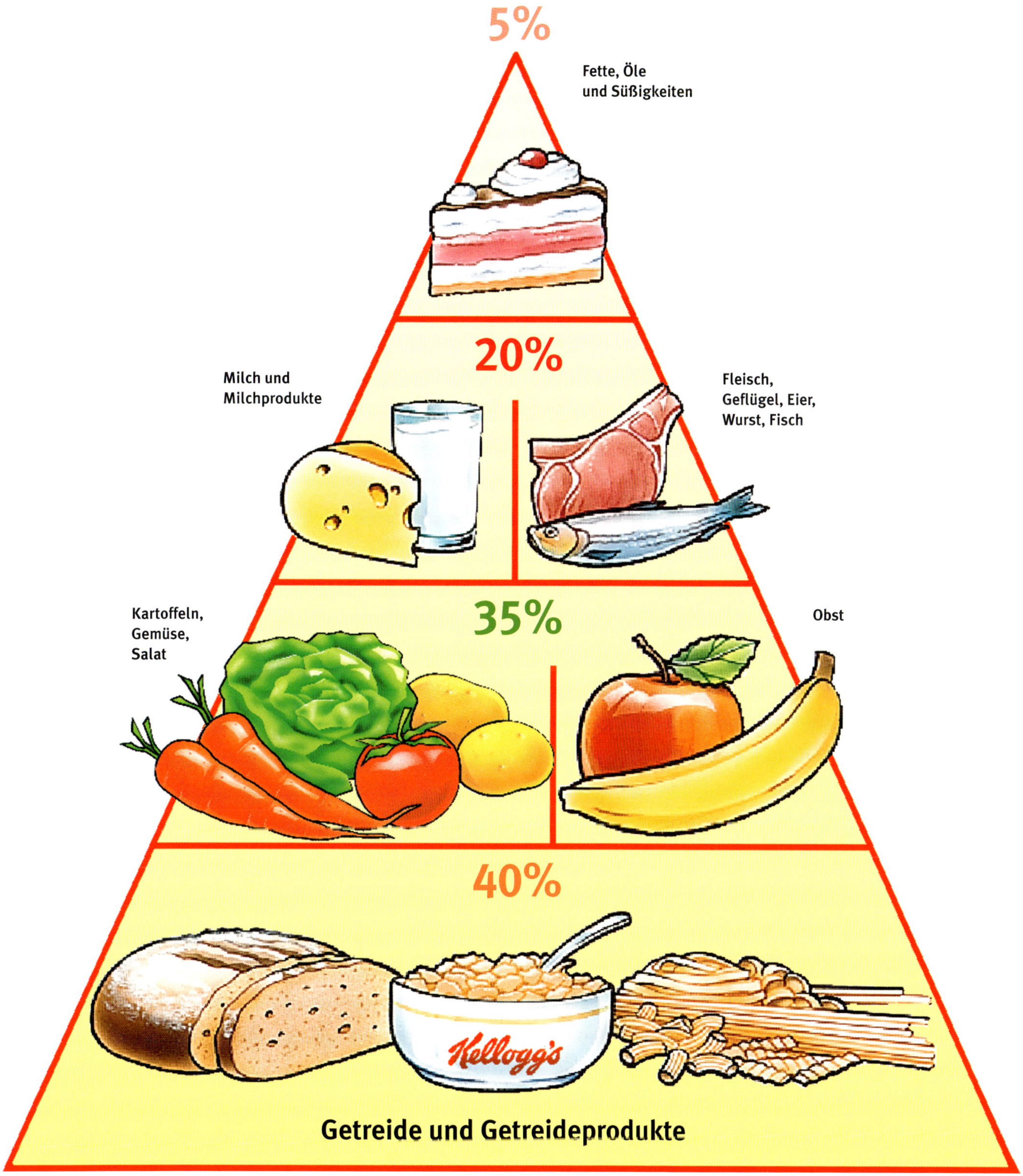
5%
Fette, Öle
und Süßigkeiten
20%
Milch und
Milchprodukte
Fleisch,
Geflügel, Eier,
Wurst, Fisch
35%
Kartoffeln,
Gemüse,
Salat
Obst
40%
Kellogg's
Getreide und Getreideprodukte

Register

Impressum

Der Autor
Carsten Dorhs
Der gebürtige Hesse absolvierte seine Ausbildung zum Koch im Hotel Maritim am Timmendorfer Strand, später überquerte er die Ozeane als Chef de Cuisine auf dem Luxus-Segler »Sea Cloud«.
Als »VOX Kochduell Kartoffelkönig« zaubert er gemeinsam mit den Kandidaten im Handumdrehen leckere Gerichte. Auch zu Hause teilt er sich den Kochspaß gerne immer wieder mit der Familie oder Freunden. Wenn der erfolgreiche Kochbuchautor und Foodstylist in seiner Freizeit nicht gerade neuen Illy-Espressotassen hinterher jagt, trifft man ihn entweder auf dem Fußballplatz oder unter Wasser beim Tauchen. Im Internet findet man ihn unter www.carsten-dorhs.de.

Die Fotografin
Christiane Krüger
Christiane Krüger arbeitete schon Anfang der 80er Jahre während ihres Design-Studiums an der Fachhochschule Hamburg als Fotoassistentin. Seit 1989 ist sie als Foodfotografin in Hamburg selbständig, im gleichen Jahr wurde sie mit dem Fuji Shooting Star ausgezeichnet. Wenn sie nicht gerade Essen ins rechte Licht setzt, wird sie von ihren drei KIndern in Schach gehalten oder hat wieder einmal Promis oder Models für Fotoshootings in den eigenen vier Wänden zu Besuch.

Rezepte: Carsten Dorhs
Konzept, Texte und Redaktion: Catharina Wilhelm
Lektorat: Adelheid Schmidt-Thomé
Projektleitung KELLOGG (DEUTSCHLAND) GMBH: Bettina Hermey
Redaktionsassistenz: Susanne Klug, Tanja von Nayhauss
Fotos: Christiane Krüger, Hamburg
Foodstyling: Maren Jahnke
Herstellung: Markus Plötz
Korrektorat: Susanne Elbert
Layout: Independent Mediendesign, München
Satz: Johannes Kojer, München
Reproduktion: Repro Schmidt, Dornbirn
Druck und Bindung: Appl, Wemding
® Kellogg Company USA

Testkochen und -knuspern: Eva Fischer, Katharina Frantzen und viele GU-Kolleginnen

ISBN: 3-7742-3245-8

Das Original mit Garantie

Ihre Meinung ist uns wichtig. Deshalb möchten wir Ihre Kritik, gerne aber auch Ihr Lob erfahren. Um als führender Ratgeberverlag für Sie noch besser zu werden. Darum: Schreiben Sie uns!
leserservice@graefe-und-unzer.de
Wir freuen uns auf Ihre Post und wünschen Ihnen viel Spaß mit Ihrem GU-Ratgeber.

Unsere Garantie: Sollte ein GU-Ratgeber einmal einen Fehler enthalten, schicken Sie uns das Buch mit einem kleinen Hinweis und der Quittung innerhalb von sechs Monaten nach dem Kauf zurück. Wir tauschen Ihnen den GU-Ratgeber gegen einen anderen zum gleichen oder ähnlichen Thema um.

Ihr Gräfe und Unzer Verlag
Redaktion Kochen
Postfach 86 03 25
81630 München
Fax: 0 89/4 19 81 - 113